印度カリー子の

# スパイススープ

JN014641

世界文化社

スパイススープの良いところは大きく分けて2つあります。

1つ目は、少し加えるだけで食卓が一気に華やかになるところです。
スパイスは甘みや塩気などの味はなく、香りが主体です。いつものスープに
少し加えるだけでガラッと雰囲気を変えておいしさや高級感をプラスしてくれます。

2つ目は、心や身体、肌を整えてくれるところです。スパイスは昔からインドや中国で
薬としても使われて、現代科学でもその効能が解明されつつありますが、
身体や心を整える作用があります。私もなんとなく元気が出ないときはクミンを、
胃腸や肌を整えたいときはターメリックを使ったスープを飲んで
日々の健康と美容に気をつけています。

スパイススープは基本的に塩だけで味をつけます。
これが最も素材の良さとスパイスの香りを生かしおいしく仕上げる秘訣です。
同時に、出汁やコンソメなどに含まれる複雑な香りや味をつけないことで、
素材やスパイスとの相性の良さを体感できると思います。

一度組み合わせの良さを知ることができれば、
他のスープにも応用が可能となり、さらに自分の身体が欲している香りがわかり、
スパイス使いもうまくなっていくことでしょう。

毎日の生活を豊かにし、心と身体を整えるスパイススープ生活、はじめてみませんか。

印度カリー子

はじめに

## PART ①

簡単にセルフケア！

# 心身を
# 整えるスープ

## PART ②

食べて痩せる！

# きれいになる
# スープ

COLUMN

※掲載した写真の色や素材感が、実際のものと若干異なる場合があります。
あらかじめご了承ください。

# CONTENTS

## PART ③

ひと皿で大満足!

## もぐもぐ食べる
## ごちそうスープ

## PART ④

朝にもおすすめ!

## 至福のひととき
## スイートスープ

## PART ⑤

スープのお供に!

## スパイス主食

SPICE
SOUP

# 1

## スパイスには効能がたくさん!

Mineral

Beauty

Relax

Detox

食べる漢方、ともいわれるスパイス。ターメリックは抗酸化作用、クミンは食欲増進、シナモンはむくみ防止など、含まれる成分に健康効果があるといわれています。上手に活用することで心身の不調を改善できます。

## からくない。だから子供も大人も食べられる!

# 2

Salt

Aroma

スパイス＝辛(から)い、と思っている人いませんか？ 実際はほとんどのスパイスに辛みはありません。辛みのあるスパイスは、本書では使わないので、胃腸が疲れている方や子供でも安心して食べられます。

## スパイスの香りで減塩も可能!

# 3

深い香りづけができるのが、スパイスの最大の特徴! 香りが脳に刺激を与え、満足感が得られるので、塩分を余計に効かせる必要なし。ストレスなく、健康的な食生活が送れます。

# スパイススープのいいところ

香り豊かでさまざまな効能を持つスパイスと、
毎日でも食べ飽きないスープ。その組み合わせは最強です。

**4**

ちょい足しで味変できる！

食べている途中で、スパイスを加えて味に変化をつけるのもおすすめです。パウダースパイスをふりかけたり、香りを抽出したホールスパイスを油ごと回しかけたり…ひと皿で2度、おいしい体験ができちゃいます。

**5**

野菜の食物繊維がたっぷりとれる！

野菜の栄養素が溶け出したスープは、ひと皿で食物繊維がたっぷりとれるのが魅力。するりとおなかに入り、食後も胃もたれがありません。栄養があって低カロリー、健康やダイエットにもってこいの料理なのです。

**6**

おなかポカポカ、満足度が高い！

体を温めることは、健康な体にとって大切です。しっかりとあたたかいスープを食べると、体温が上昇し代謝をあげてくれるので脂肪燃焼にも効果的。冷え性になりやすい人や風邪をひきやすい人にもおすすめです。

朝昼晩、前菜でもメインでも

スープなら毎日取り入れられる！

**7**

和洋中エスニックと、幅広い味のバリエーション。そして、クリーミーなポタージュからさっぱりとした汁ものまで食感もさまざまで、毎食でも飽きません。おいしく優しく、健康的で、超簡単♪ そんなスープ生活、今日からはじめてみませんか？

7

# 知っておきたい
# スパイスの効能

本書に登場するのは、スープ料理と相性のよいスパイス。
効能を押さえておけば、体調によって取り入れられるので
便利。左から順番に、使いやすい基本のものを並べています。

[特徴]真っ赤な色味、辛みはなく甘い特有の香りを持つ。ビタミン類や鉄分が含まれており、代謝促進などの効果があるといわれている。油に溶けやすい性質があり、料理の色づけをしてくれる。

[特徴]独特の甘い香りが強い。利尿作用のあるカリウムを多く含むため、むくみ解消が期待できる。スムージーやポタージュなど、甘みのある料理と相性がよい。

[特徴]鮮やかな黄色が特徴。老化や美肌、血管を若々しく保つための抗酸化物質を多く含む。味に深みをつけ、肉の臭み消しにと活躍する、最強スパイス。

[特徴]カレーをイメージさせるエスニックな香り、といえばクミン。クミンシードは、セリ科のクミンの種子のこと。苦みが特徴的で、油で熱してから使う。食欲増進させるため、夏バテ時期におすすめ。

[特徴]②のクミンシードをパウダー状に粉砕したもの。シードよりも甘い風味と強い香りが楽しめる。消化促進、消化器官を整える作用があり、先に食材と混ぜ合わせたり、料理の最後にアクセントとして加えたりと手軽に使える。

| ① | ② | ③ | ④ | ⑤ | ⑥ |
|---|---|---|---|---|---|
| ターメリック | クミンシード | クミンパウダー | パプリカパウダー | ベイリーフ（ローリエ） | シナモンパウダー |
| 効能 抗酸化作用 | 効能 消化促進作用 | 効能 消化促進作用 | 効能 代謝促進作用 | 効能 抗菌作用 | 効能 むくみ解消 |

基本　◀─── 買いそろえたい順番 ───

［特徴］シナモンの葉を乾燥させたもので、インド料理によく使う。すっきりとした軽い香りが特徴で、肉や魚の臭み消しとしても。抗菌作用があり肌トラブルなどにも効果的。日本に多く出回っているローリエ（月桂樹の葉）でも代用可能。

［特徴］「スパイスの女王」と呼ばれ、ハーブのような清涼感のある爽やかな香りを持つ。香気成分には、心身のリラックス効果や集中力を高める効果があるといわれる。ストレスで疲れているときなどによい。

［特徴］油で熱するとナッツのような香りが出るので、テンパリング（p.15）で多用。すりつぶすと酸味が出る。鉄分などのミネラルが豊富。代謝促進をするので脂肪燃焼にも効果あり。インドではブラウンが一般的だが、イエローでもよい。

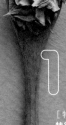

［特徴］甘い香りとまろやかなほろ苦さを持つ。肉の臭み消しに欠かせないスパイスのひとつ。消化促進作用があり、胃腸の働きを正常に保つ効果がある。体を温めて発汗を促す作用も。

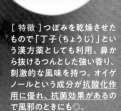

［特徴］つぼみを乾燥させたもので「丁子（ちょうじ）」という漢方薬としても利用。鼻から抜けるつんとした強い香り、刺激的な風味を持つ。オイゲノールという成分が抗酸化作用に優れ、抗菌効果があるので風邪のときにも◎。

［特徴］柑橘系の香りが特徴。生の葉は、乾燥させたものより香りが強い。香りが飛ばないよう調理時間は短く、テンパリングの最後に入れる。抗菌作用があり、風邪予防にも役立つ。胃腸の働きをよくする効能があり食欲増進を促す。

⑦
ナツメグ
効能 整腸作用

⑧
マスタードシード
効能 脂肪燃焼効果

⑨
クローブ（ホール）
効能 抗菌作用

⑩
カルダモン（ホール）
効能 リラックス効果

⑪
カレーリーフ（生／乾燥）
効能 抗菌・食欲増進作用

→ マニアック

# スパイススープ作り
# **3**つのポイント

すっーと体にしみわたる、素材の自然な
旨みや甘み。これをスパイスと塩だけで
シンプルに味わうのが本書のレシピです。
手に入りやすい野菜や肉、魚介を主に
使っています。冷蔵庫にある食材や季節
に応じてアレンジしてももちろんOK。そし
て、効能のあるスパイスを加えることで、
新鮮な味わいが広がり、心身の不調を
優しく癒やすひと皿になります。作ってい
くうちに、青菜の香りにはクミン、かぼちゃ
の甘みにはシナモン、というように、素材
とスパイスの相性が、自然とわかるように
なると思います。

POINT **1.**

# スパイス×素材の
## シンプルな
## 組み合わせでいい。

## POINT 2.

出汁いらず。
味の決め手は塩。

スパイススープの味を左右するのは「塩」。旨みは野菜や肉から溶け出てくるので、出汁やコンソメは使いません。必要最小限の調味料だからこそ、素材のおいしさをきちんと引き出してくれます。塩だけで味をつけているから、自分好みの味つけに調整しやすいのもポイント。本書では自然塩（海水塩・粗塩）を使っていますが、普段から使っている塩でもちろんOK。ちなみに、スパイスには塩気がないので、たしても味はつきません。

塩には
種類があります

### 自然塩
（天然塩）

海水塩、天日塩、粗塩、岩塩など、ミネラルが豊富に含まれているもの。塩辛くなく、まろやかな味わいのものが多い。健康に気を使う方には特におすすめ。

□ 海水塩

自然塩のひとつ。海水を天日で乾燥させたもの。強い塩気がなく角が立っていないまろやかな味わいがある重めの質感が特徴。使用範囲の広い塩。

□ 岩塩

自然塩のひとつ。海水が閉じ込められて結晶化したもので、硬く溶けにくい。硫黄のような香りがあることもあり、相性が合わない野菜も。粗めの粒から微粒まで、粒の大きさもさまざま。

・ 精製塩

いわゆる食卓塩。製造過程でミネラルが取り除かれているため、成分の99.5%が塩化ナトリウム。塩辛い特徴があるため、本書のレシピで使う場合は、少なめの量から調整する。

POINT

レンジやフライパンで
簡単調理。

本書で紹介しているほとんどのスープが、最小限の手間で作れるものばかり。材料をレンチンして混ぜ合わせたら、でき上がり！ なんてものもあれば、すべての材料をいっぺんに入れて煮込むだけのものも。ポタージュは、フライパンの中でハンドブレンダーを使えば楽ちん！（もちろんミキサーやすり鉢でもOKです）「ちょっと疲れているな」なんて時でも作れる手軽さが、スープの魅力でもあります。

# スープがおいしくなる
# スパイスの使い方

スパイスの種類や煮込み時間によって、香りを豊かに引き出す方法が異なります。

## 1. 煮る

香りを溶け込ませたいときは、具材と煮込む。黄色く発色するターメリック、水溶性の香気成分も持つカルダモンやベイリーフ（ローリエ）などは煮るとじっくり香りが出る。

## 2. 炒めて煮る

少し香ばしさをプラスしたいときは炒める。やや生っぽい香りがするパプリカパウダーなどは、弱火で炒めてから煮ると香ばしさが出る。

## 3. トッピングにする

シナモンやナツメグなど、仕上げにふりかけると、スープ全体には混ぜ込まず、アクセントになる。食事中に味変したいときにもおすすめ。

## 4. 油で熱する

ホールスパイスを油で熱して香りを出す方法（＝テンパリングという）。その油ごとスープに入れたりかけたりして料理に香りづけをする。

## さらに解説！

テンパリングは、タイミングが重要。
本書では、最初（具材を入れる前）もしくは、
最後（仕上げにかける）のいずれかで使います。

### ☐ 最初にテンパリング

煮込んで香りを引き出したいスパイスは、具材を入れる前にテンパリングをします。最初にスパイスを油で熱することで、スパイスの香気成分のうち、油に溶けやすい脂溶性の成分も引き出しています。

### ☐ 最後にテンパリング

長時間煮込むと香りが飛んでしまうスパイスは、食べる直前にテンパリングをします。スパイスのカリカリとした食感を楽しみたいときも、スープの仕上げに回しかけて、香ばしさを残します。

**単品使いの例**

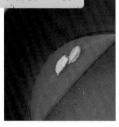 

テンパリング
の目安

フライパンに油とスパイスを入れたら火をつけ中火で熱する。スパイスが油に浸っている状態をキープ。

カルダモンの場合は、プクッと膨らんでひと回り大きくなり、色が薄くなったらOK。次の工程へ。

**複数使いの例**

複数のスパイスを使う場合は、順番が大切。同時に入れると焦げたりするので注意。最初はマスタードシード。

マスタードシードがはね始めたらクミンシードを加える。（食べたときにクミンシードが苦い場合は加熱不足。加熱しすぎると、焦げるので注意）

クミンシードが泡を立てて浮いてきたらすぐにカレーリーフを加える。1、2秒ですぐに油ごとスープに回しかける。

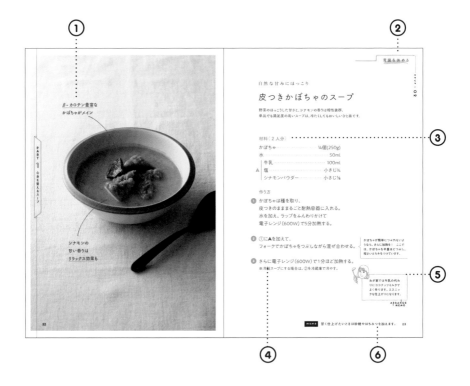

## 1 栄養や特徴

素材の持つ栄養素、スパイスの効能、
素材とスパイスの相性などを
わかりやすく紹介。

## 2 症状別効果

改善したい不調箇所や症状によって
選べるように目的別にしています。
もちろん食べたいスープから作ってもOK。

## 3 材料

効率よく作る手順を伝えるため、
それぞれの材料欄に
(材料の切り方)を記しています。
計量単位は、小さじ1=5ml、大さじ1=15mlです。
油は植物油を使用しています。

## 4 作り方

野菜の「洗う」「皮をむく」などは基本的に
省略しています。ガスコンロの火加減、
電子レンジの加熱時間は目安になります。
機種によって差があるので調整を。

## 5 ポイントなど

作る際のコツ、おすすめ食材、保存方法、
レシピのアレンジ法などを記しています。

## 6 MEMO

レシピ外の野菜の提案など、
カリー子からのちょっとした
アイデアを記しています。

\ すぐ食べたいときの /

# 時短テクニック

忙しい日でも疲れている日でも
気軽にスープ生活を続けるコツです。

## 冷凍食品など
## 市販の加工食材を利用する

野菜を洗ったり切ったりの手間が
面倒…そんなときは、市販品を賢
く活用。冷凍野菜は、旬のものを
使っていることが多いので、十分
おいしいです。にんにくやしょう
がは、すりおろしのチューブタイ
プを使えば時短にもなります。

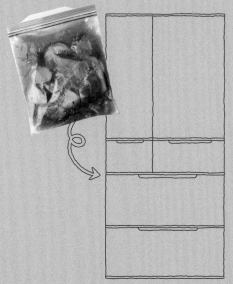

## 作ったスープは
## 小分けにして
## 冷凍保存をする

本書のレシピの分量は、約2人分。
毎食ずつ作らなくていいように、冷
凍保存も可能。フリーザーバッグ
に入れて冷凍したら、食べるとき
に温めればOK。仕事から疲れて帰
宅したとき、ちょっとおなかが空い
たとき、冷蔵庫にあると幸せです。

# SPICE
# SOUP
# PART ①

簡単にセルフケア！

## 心身を
## 整えるスープ

何も食べたくないくらい疲れている——そんなときにこそしみわたる、優しい味わいのスープを集めました。野菜の甘み、スパイスの香り、さまざまな食感…と五感に心地よさを与えてくれます。電子レンジで加熱して混ぜるだけ、鍋に放り込んで火にかけるだけと、疲れていても作る気になれる簡単な工程のものがほとんど。食べたいものから作ってみてください。大切なのは、「どこが不調か」に気づいてあげること。それを意識して食べるだけで、癒やしてあげたいところに届きます。器から漂うスパイスの香りで、ゆっくりと心と身体が満たされていく、そんな感覚を味わってみてください。

SPICE
SOUP

食物繊維が
豊富なしいたけは、
オイルと一緒にとると
吸収率UP

ふんわり卵で
マイルドな味わいに

整腸作用のある
クミンの香りが
食欲をそそる

疲 れ た 体 を ほ っ と 癒 や す

# しいたけの中華風ふわたまスープ

おいしさの秘密は、レンチンで水分を抜くことで凝縮されるしいたけの旨み。
クミンシードのエスニックな香りや、卵の優しい口あたりが元気をくれます。

## 材料（2人分）

**A**
| | |
|---|---|
| 生しいたけ（スライス）……… | 4枚(50g) |
| 塩……………………………… | 小さじ½ |
| おろしにんにく……………… | 小さじ½ |
| オリーブオイル……………… | 小さじ1 |

**B**
| | |
|---|---|
| 水……………………………… | 250ml |
| とき卵………………………… | 1個分 |

テンパリング

**C**
| | |
|---|---|
| オリーブオイル……………… | 小さじ1 |
| クミンシード………………… | 小さじ¼ |

POINT

最初からフライパンで作る
場合は、しいたけの水分
が抜けて小さくなるまで弱
火で炒めてから、水を加え
て煮る。そこに、とき卵を
加える、の順番で。

## 作り方

**1** **A**を耐熱容器に入れて軽く混ぜ合わせる。ラップを
ふんわりかけ、電子レンジ（600W）で3分加熱する。

**2** **B**を①に加え、かき混ぜずにさらに2分加熱する。
卵全体が固まったところで優しくかき混ぜる。

a

**3** ［ テンパリング ］
フライパンに**C**を入れて中火にかけ（**a**）、
クミンシードが泡を立てて全体的に浮かんできたら（**b**）、
火を止める。すぐに油ごと②に回しかける。

ぷくぷく

b

β‐カロテン豊富な
かぼちゃがメイン

シナモンの
甘い香りは
リラックス効果も

自然な甘みにほっこり

# 皮つきかぼちゃのスープ

野菜のほっこりした甘さと、シナモンの香りは相性抜群。
単品でも満足度の高いスープは、冷たくしてもおいしいひと皿です。

## 材料（2人分）

| | | |
|---|---|---|
| かぼちゃ | ……………………… | ¼個(250g) |
| 水 | ……………………………… | 50ml |
| A | 牛乳 | ……………………… 100ml |
| | 塩 | ……………………………… 小さじ¼ |
| | シナモンパウダー | ………… 小さじ⅛ |

## 作り方

① かぼちゃは種を取り、
皮つきのまままるごと耐熱容器に入れる。
水を加え、ラップをふんわりかけて
電子レンジ（600W）で5分加熱する。

② ①に**A**を加えて、
フォークでかぼちゃをつぶしながら混ぜ合わせる。

> かぼちゃが簡単につぶれないようなら、さらに加熱を！ ここでは、かぼちゃを半量ほどつぶし、程よいとろみをつけています。

③ さらに電子レンジ（600W）で1分ほど加熱する。
※冷製スープにする場合は、②を冷蔵庫で冷やす。

> わが家では牛乳の代わりにココナッツミルクでよく作ります。エスニックな仕上がりになります。

ARRANGE
MEMO

**MEMO** 甘く仕上げたいときは砂糖やはちみつを加えます。　**23**

枝豆の
ビタミンBで
疲労回復を

食欲を増進してくれる
しょうが入り

ミルク系を
加えていないので
のど越しもすっきり

夏疲れに元気をくれる

# 枝豆のエスニックポタージュ

栄養のある枝豆を、クミンの風味でエスニック風にアレンジ。
爽やかでさっぱりとした口あたりは、夏バテにもおすすめです。

## 材料（2人分）

A
| | |
|---|---|
| ゆでむき枝豆 | 120g |
| 水 | 250ml |
| しょうが（スライス） | 1枚 |
| 塩 | 小さじ½ |
| クミンパウダー | 小さじ¼ |
| こしょう | 小さじ⅛ |

> さやつきの枝豆から作る場合は、約250gを使用。冷凍むき枝豆を解凍して使ってもOK！

## テンパリング

B
| | |
|---|---|
| バター | 5g |
| クミンシード | 小さじ¼ |

## 作り方

**1** Aをハンドブレンダーでペースト状にする。

**2** 電子レンジ（600W）で2分加熱する。
※冷製スープにする場合は、①を冷蔵庫で冷やす。

**3** ［ テンパリング ］
フライパンにBを入れて中火にかけ、クミンシードが
泡を立てて全体的に浮かんできたら火を止める。
すぐに油ごと②に回しかける。

> 冷製スープにする場合は、テンパリングはバターではなく植物油を使います。

**MEMO** 枝豆の代わりに、グリーンピースで作ってもおいしいです。　25

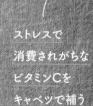

カルシウムがとれる
しらす入り

ストレスで
消費されがちな
ビタミンCを
キャベツで補う

抗酸化作用のある
ターメリック入り

栄養バランス抜群！

# キャベツとしらすの中華風スープ

食物繊維やたんぱく質がとれて低脂質、という栄養のバランスがいいスープ。
ターメリック、にんにく入りで、風邪のひき始めにもおすすめです。

材料（2 人分）

テンパリング

**A**
クミンシード‥‥‥‥‥‥‥‥‥ 小さじ¼
ごま油‥‥‥‥‥‥‥‥‥‥‥ 大さじ 1

**B**
キャベツ（ざく切り）‥‥‥ ⅙個（200g）
しらす‥‥‥‥‥‥‥‥‥ 大さじ2（20g）
水‥‥‥‥‥‥‥‥‥‥‥‥‥ 300ml
塩‥‥‥‥‥‥‥‥‥‥‥‥ 小さじ½
ターメリック‥‥‥‥‥‥‥‥ 小さじ¼

にんにく（みじん切り）‥‥‥‥‥‥1かけ
とき卵‥‥‥‥‥‥‥‥‥‥‥‥1個分
こしょう‥‥‥‥‥‥‥‥‥‥‥ 少々

作り方

① ［ テンパリング ］
フライパンに**A**を入れ、中火にかけて熱する。
クミンシードが泡を立てて全体的に浮かんできたらにんにくを加える。

② にんにくの香りが立ってきたら、**B**を加え、ふたをして中火で5分ほど煮る。

③ キャベツが柔らかくなったら、とき卵を注ぎ、
全体が固まったらゆっくりかき混ぜる。
仕上げにこしょうをかける。

> カリカリしたクミンシードの食感
> が好きな方は、最初にテンパリ
> ングせずに、最後にテンパリング
> （p.21参照）をして加えます。

**MEMO** ごま油をバターに替えると風味が洋風に変わり、それもまたおいしいです。 **27**

抗菌作用がある
クローブの香りが
アクセント

ビタミンC豊富な
キャベツをたっぷり味わえる

キャベツの繊細な甘みがカギ

# キャベツのポタージュ

私の大好物、キャベツをたっぷりと食べられるレシピ。
クローブのつんとした香りが、こくのあるバターやしょうがの辛みと相性抜群です。

材料（2人分）

キャベツ（ざく切り） ………… ⅓個（400g）
しょうが（スライス） ………………… 1枚
クローブ ……………………………… 1粒
バター ………………………………… 5g
塩 …………………………… 小さじ½

作り方

1　すべての材料を耐熱容器に入れ、
　　ラップをふんわりかけ電子レンジ（600W）で4分加熱する。

2　①をハンドブレンダーでペースト状にする。
　　お好みでピンクペッパー（材料外）をトッピングする。

かぶのビタミンCが
冬のウイルス対策に

抗酸化作用のある
パプリカパウダー入り

体をじっくり温める

# かぶと鶏そぼろの中華風スープ

根と葉の両方を使って、かぶの栄養を余すところなくとれるスープです。
適度にとろみをつけて、じんわりと優しく体のしんから温めて。

## 材料（2人分）

葉つきのかぶ
（かぶの根はくし形切り、葉はざく切り）… 2個

A
| しょうが（せん切り） …………………… 1かけ
| ごま油 ……………………………… 小さじ1

B
| 鶏ももひき肉 ……………………… 100g
| 塩 ………………………………… 小さじ½
| ターメリック ……………………… 小さじ¼
| パプリカパウダー ………………… 小さじ¼
| 酒 ………………………………… 大さじ1

C
| 片栗粉 ……………………………… 小さじ1
| 水 ………………………………… 大さじ1

水 …………………………………… 250ml
削りがつお ………………… ひとつかみ(3g)

## 作り方

1 フライパンにAを入れて中火で熱する。

2 しょうがの香りが立ってきたら、Bを加えて1分ほど炒める。
かぶの根、水を加えて、弱火で10分ほど煮る。

3 かぶの葉、削りがつおを加えて2分ほど煮る。
そこにCを混ぜたものを加えて、とろみが
ついたら火を止める。

> 盛りつけた後に、お好みでこしょうをふると香りがよく立ちます。

MEMO　かぶの代わりに、冬瓜や大根でもおいしいです。　**31**

リラックス効果のある
カルダモンが香る

ブロッコリーの
ビタミンCは
レモンの2.5倍！

カルシウムがとれる
クリームチーズのこくで
満足感も

冬に食べたいクリーム系

# ブロッコリーの洋風スープ

ブロッコリーは炒めると、水分が抜けて甘みがぐんと増します。
口に広がるカルダモンの爽やかさが、クセになるおいしさ。

材料（2人分）

テンパリング

A
| 油 ························ 小さじ 1
| カルダモン ··············· 2粒

B
| ブロッコリー（小さく切る）½株（150g）
| おろしにんにく ··········· 小さじ½
| 塩 ······················ 小さじ½

C
| 薄力粉 ·················· 大さじ 1
| こしょう ················· 小さじ⅛
| ナツメグ ················· 小さじ⅛

Kiri クリームチーズ ·········· 2個（36g）
水 ·························· 300ml

作り方

**1** ［テンパリング］フライパンに**A**を入れて中火で熱する。

**2** カルダモンが膨らんできたら、**B**を加えて中火で3分ほど炒める。

**3** ブロッコリーに軽く焦げ目がついたら、
焦がさないようにごく弱火にして、**C**を加えて30秒ほど混ぜ合わせる。

**4** 水、クリームチーズを加え、
一度火を止めてクリームチーズを溶かし合わせる。

**5** クリームチーズが完全に溶けたら一度沸騰させ、
弱火で2分ほど煮て軽くとろみをつける。

> クリームチーズが溶けきる前に沸騰させてしまうと、ダマになることがあります。

豚肉のアミノ酸が
風邪予防に

クミン風味の
とろみが痛みがちな
のどを温める

β-カロテンや
ビタミンCなど
栄養バランス抜群の
青梗菜

葛湯のようなとろみが優しい

# 豚肉と青梗菜の中華風スープ

青梗菜は一度炒めてから煮ることでシャキッとした食感に。
柔らかな豚肉とのバランス、中華風の旨みがしっかり感じられるひと皿です。

## 材料（2人分）

下準備

| | | |
|---|---|---|
| | 豚薄切り肉 | 100g |
| | 塩 | 小さじ¼ |
| | こしょう | 小さじ¼ |
| | 片栗粉 | 大さじ1 |
| **A** | しょうが(せん切り) | 1かけ |
| | ごま油 | 小さじ1 |
| **B** | 青梗菜(ざく切り) | 1株(100g) |
| | 酒 | 大さじ1 |
| | 塩 | 小さじ½ |
| | 水 | 250ml |

テンパリング

| | | |
|---|---|---|
| **C** | ごま油 | 小さじ1 |
| | クミンシード | 小さじ¼ |

## 作り方

1. ［下準備］豚薄切り肉に塩、こしょうをふり、片栗粉をもみ込んでおく。
2. フライパンに**A**を入れて中火で熱する。
3. しょうがの香りが立ってきたら、**B**を加え、中火で1分ほど炒める。
4. 水、①の豚肉を加えて弱火で1分ほど煮たら、火を止める。
5. ［テンパリング］別のフライパンに**C**を入れて中火にかけ、クミンシードが泡を立てて全体的に浮かんできたら火を止める。すぐに油ごと④に回しかける。

**MEMO** 牛薄切り肉、薄切りにした鶏むね肉やささみでもおいしいです。
肉は余熱で火を通し加熱しすぎないことで、柔らかく食べられます。

にらに含まれている
アリシンは殺菌作用あり

にんにく＆しょうが
パワーで血行促進

風邪のひき始めには
ターメリック

香味野菜で血の巡りをよく

# にらのエスニックスープ

にら、にんにく、ターメリックなど抗酸化作用の高い食材がたっぷり。
風邪のひき始めに悪寒がしたら、これを飲んで対処すると安心です。

材料（2人分）

テンパリング

A
| 油‥‥‥‥‥‥‥‥‥‥‥‥‥‥ 小さじ1
| クミンシード‥‥‥‥‥‥‥‥ 小さじ¼

B
| にら（5mmに切る）‥‥‥‥ 1束(100g)
| おろしにんにく‥‥‥‥‥‥‥ 小さじ½
| おろししょうが‥‥‥‥‥‥‥ 小さじ½
| 塩‥‥‥‥‥‥‥‥‥‥‥‥‥‥ 小さじ½
| こしょう‥‥‥‥‥‥‥‥‥‥ 小さじ¼
| ターメリック‥‥‥‥‥‥‥‥ 小さじ¼

水‥‥‥‥‥‥‥‥‥‥‥‥‥‥‥ 250ml

作り方

1 ［テンパリング］フライパンにAを入れて中火で熱する。

2 クミンシードが泡を立てて全体的に浮かんできたら、
Bを加えて中火で1分ほど炒める。

3 水を加えて、ひと煮立ちさせる。

抗酸化作用の
高いリコピンを
トマトで摂取

オメガ3脂肪酸を
多く含むくるみが
疲れにくい
体に

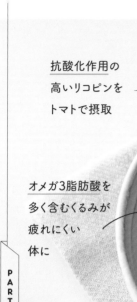

マスタードシードは
ミネラル豊富

冷やしてもおいしい

# トマトとくるみの
# ポタージュ 〜南インド風〜

インドのトマトチャトニ（ペースト状の万能トマトソース）から発想を得たスープ。
ナッツ界でも栄養価トップクラスのくるみがアクセント。冷やしても抜群のおいしさです。

材料（2人分）

A
にんにく（みじん切り）⋯⋯⋯⋯ 2かけ
くるみ⋯⋯⋯⋯⋯⋯⋯⋯⋯ 5粒(15g)
油⋯⋯⋯⋯⋯⋯⋯⋯⋯⋯ 大さじ 1

B
トマト（ざく切り）⋯⋯⋯ 2個(400g)
塩⋯⋯⋯⋯⋯⋯⋯⋯⋯⋯ 小さじ½
砂糖⋯⋯⋯⋯⋯⋯⋯⋯⋯ 小さじ½

テンパリング
油⋯⋯⋯⋯⋯⋯⋯⋯⋯⋯ 小さじ 1
マスタードシード⋯⋯⋯⋯⋯ 小さじ¼
くるみ（粗く砕いたもの）⋯⋯⋯⋯1粒
カレーリーフ（あれば）⋯⋯⋯⋯ 10枚

作り方

① フライパンに**A**を入れて中火で炒める。

② にんにくの香りが立ってきたら、**B**を加える。

③ トマトから水分が出てきたら弱火にし、
木べらでつぶしてからふたをして5分ほど
蒸し煮にする。焦げないように注意する。

④ ③をハンドブレンダーでペースト状にする。

⑤ ［ テンパリング ］別のフライパンに油と
マスタードシードを入れて中火で熱する。(**a**)

⑥ マスタードシードがはね始めたら弱火にする。
マスタードシードのはねがおさまってきたら、
くるみ、カレーリーフを順に加え、
2〜3秒後に油ごと④に加える。

POINT

a

マスタードシードは、油
にしっかり浸さないと弾
けて危険。大きいフライ
パンしかない場合は、フ
ライパンを傾けて油を
ため、その中でマスター
ドシードを熱するとよい。

MEMO くるみの代わりにアーモンド、カシューナッツなどお好きなナッツで作れます。 39

多種類の
スパイスで
トータルケア

さやいんげんに含まれる
アスパラギン酸に
よって新陳代謝を
活発に

かつお節がポイント

# さやいんげんと玉ねぎの
# スリランカ風スープ

島国スリランカでは、カレーにかつお節が
使われることもあるため、味つけが日本人好み。
さやいんげんの栄養素のひとつ、$\beta$ - カロテンは
油と一緒にとると吸収率がアップ。
塩気をしっかりつけているので、
ご飯に合わせて食べたいひと皿です。

材料（2人分）

A
玉ねぎ（薄スライス）… ½個
にんにく（包丁の背でつぶす）
　…………………… 1かけ
しょうが（せん切り）… 1かけ
油……………………… 大さじ1

B
トマト（ざく切り）…… ½個
削りがつお‥ ひとつまみ(3g)
水………………… 300ml
塩………………… 小さじ1
クミンパウダー…… 小さじ1
ターメリック……… 小さじ¼
パプリカパウダー‥ 小さじ¼
シナモンパウダー‥ 小さじ¼
こしょう…………… 小さじ¼

C
さやいんげん（3cmに切る）
　…………………… 10本
ココナッツミルク…… 100ml

テンパリング
油……………… 小さじ1
マスタードシード… 小さじ¼
カレーリーフ（あれば）10枚

作り方

1 フライパンに**A**を入れて中火で炒める。

2 玉ねぎが透明になったら、**B**を加え、ふたをして中火で10分煮込む。

3 **C**を加え、さやいんげんが柔らかくなるまで2分ほど煮る。

4 ［ テンパリング ］フライパンに、油とマスタードシードを入れて
中火で熱する。マスタードシードがはね始めたら弱火にする。

5 マスタードシードのはねがおさまってきたらカレーリーフを加え、
2〜3秒後に油ごと③に加える。

MEMO 冷凍さやいんげんでもOK。 代わりにキャベツ、さつまいもなどでもおいしいです。 41

抗酸化作用のある
ターメリックは、
ごまの風味と好相性

きゅうりは体を冷やす作用＆
含まれるカリウムで
むくみ防止に

にんにくの
グルタミン酸が
旨みのカギ

ギリシャ風の爽やかな味わい

# きゅうりの冷製ごまスープ

スパイス、ごま、オリーブオイルの風味が絶妙にミックスされ、食欲減退する時期に
元気をチャージ。きゅうりは角切りにすると、水っぽくならないのでおすすめです。

材料（2人分）

| | |
|---|---|
| きゅうり（角切り）・・・・・・・・・・・・・・・・・・ | 1本 |
| プレーンヨーグルト・・・・・・・・・・・・・・・ | 100g |
| 水・・・・・・・・・・・・・・・・・・・・・・ | 100ml |
| 練りごま（白）・・・・・・・・・・・・・・・ | 大さじ1 |
| オリーブオイル・・・・・・・・・・・・・ | 小さじ1 |
| レモン汁・・・・・・・・・・・・・・・・ | 小さじ½ |
| おろしにんにく・・・・・・・・・・・・・・ | 小さじ½ |
| 塩・・・・・・・・・・・・・・・・・・・・・・ | 小さじ¼ |
| こしょう・・・・・・・・・・・・・・・・・・ | 小さじ¼ |
| ターメリック・・・・・・・・・・・・・・・ | 小さじ¼ |

作り方

すべての材料をよく混ぜ合わせる。
冷蔵庫でよく冷やす。

POINT

生のにんにくは辛みが出や
すいため、少量ずつ加えると
よいです。

ビタミンB、食物繊維、
鉄分などを含むとうもろこしで
夏疲れを癒やす

ナツメグひとふりで
より上品な風味に

冷、温、常温どれでもおいしい

# ナツメグ香るコーンポタージュ

とうもろこしそのものの味が際立つ、みんな大好き"コンポタ"。
ナツメグ特有の甘い香りとほろ苦さを加えて、心と体を豊かに。

## 材料(2人分)

とうもろこし……………………………… 1本
牛乳………………………………… 200ml
塩……………………………………… 小さじ½
ナツメグ…………………………………… 少々

## 作り方

① とうもろこしはラップで包み、電子レンジ(600W)で5分加熱する。
冷水で冷まし、水気を拭く。

② 包丁で①のとうもろこしの実を削ぐ。(a)

③ ②と牛乳、塩と合わせて
ハンドブレンダー にかける。

> 皮が堅く残る場合は、
> ザルなどでこしてもよい。

a

④ 電子レンジ(600W)で2分ほど温める。
器に盛りつけ、ナツメグをふりかける。
※冷製スープにする場合は、③を冷蔵庫で冷やす。

### 保存方法

冷凍保存する場合は、ナツメグをふる
前の④を保存。解凍して食べるときに、
ナツメグをふると香りが立ってよい。

---

MEMO 生のとうもろこしの代わりに、スイートコーン缶の汁を切ったもの(180g)でも可。
(パウチ状のゆでとうもろこしは味が落ちるのでおすすめしません)

生トマトの酸味は、
炒めることで
香ばしい甘さへと変化

最後にかけた
クミンシードが
食欲を増進

夏野菜でほてりを解消

# なすの冷製トマトスープ
# クリームチーズ添え

大きめに切ったなすの、とろけるような食感はなんとも格別な味わい。
仕上げのクミンシードは、食べている途中に味変として加えるのもあり。

材料（2人分）

A｜にんにく（スライス）‥‥‥‥‥‥ 2かけ
　｜オリーブオイル‥‥‥‥‥‥‥‥ 大さじ1

B｜なす（大きめの乱切り）‥‥‥‥‥ 1本
　｜トマト（ざく切り）‥‥‥‥‥ 1個（200g）
　｜塩‥‥‥‥‥‥‥‥‥‥‥‥‥‥ 小さじ½
水‥‥‥‥‥‥‥‥‥‥‥‥‥‥‥ 200ml

テンパリング

C｜オリーブオイル‥‥‥‥‥‥‥‥ 小さじ1
　｜クミンシード‥‥‥‥‥‥‥‥‥ 小さじ¼
Kiri クリームチーズ（お好みで）‥‥ 1個（18g）


作り方

① フライパンに**A**を入れて中火で熱する。

② にんにくの香りが立ってきたら**B**を加え、
　トマトをつぶしながら炒める。

③ トマトがペースト状になったら
　水を加えてふたをして10分ほど煮る。
　火を止めて、粗熱が取れたら冷蔵庫でよく冷やす。(**a**)

④ ［テンパリング］
　別のフライパンに**C**を入れて中火にかけ、
　クミンシードが泡を立てて全体的に浮かんできたら
　③に油ごと加える。お好みでクリームチーズをのせる。

POINT

**a**

急冷したい場合は、氷
水に金属製のボウルを
浮かべ、その中で③を
冷やします。

体のしんを冷やさないように
しょうがで血行促進

ヨーグルトで
腸内環境を整える

ココナッツミルクと
相性のよいスパイスを投入

南インド料理から発想

# なすのヨーグルトスープ

ココナッツとヨーグルトを使った南インドの伝統料理・パチャディをスープ仕立てに変身。
これにご飯を混ぜて食べるのがカリー子流。ぜひお試しを！

材料（2人分）

テンパリング

|  |  |  |
|---|---|---|
| | 油 | 大さじ1 |
| | マスタードシード | 小さじ½ |
| | クミンシード | 小さじ½ |
| **A** | なす（3mm厚さの輪切り） | 1本 |
| | しょうが（せん切り） | 1かけ |
| | 塩 | 小さじ¼ |
| | カレーリーフ（あれば） | 10枚 |
| **B** | ヨーグルト | 200g |
| | ココナッツミルク | 200ml |
| | パクチー（みじん切り） | 1株 |
| | 塩 | 小さじ¼ |

POINT

ココナッツミルクは、余ったら小分けにして冷凍保存ができます。また、ココナッツミルクの代わりに、ココナッツミルクパウダー（大さじ4を水200mlで溶く）でも可。

作り方

① ［テンパリング］

フライパンに油とマスタードシードを入れて中火で熱する。
マスタードシードがはね始めたら、弱火にしてクミンシードを加える。

② クミンシードが泡を立てて全体的に浮いてきたら、
**A**を加えて中火で2分ほど炒める。

③ なすがしんなりしたら火を止め、**B**を混ぜ合わせる。

混ぜ合わせるときになすを少量
残しておき、トッピングにする
と見栄えがよくなります。

MEMO

常温でもおいしいが、
暑い日は冷蔵庫でよ
く冷やすと絶品。

MEMO　なすの代わりにズッキーニ、オクラの角切りでもおいしいです。　**49**

# 元気になる野菜とスパイス

「何を食べるか」で体の変化を実感！
普段の食材選びのヒントにもなります。

「野菜とスパイスを使ったスープを！」とおすすめするのには理由があります。1つ目の理由は、**野菜やスパイスには強い抗酸化力がある**から。もともと人の体にある抗酸化物質を作る働きは、加齢とともに低下していきます。生活習慣の乱れやストレスで、老化や病気の原因となる活性酸素はさらに増加！そこで助けになるのが、「ファイトケミカル（＝抗酸化物質）」という成分。ファイトケミカルは、植物が有する機能成分で、体内に発生した活性酸素を除去することができる、といわれています。つまり、野菜やスパイスを食べれば、それらが持つ抗酸化力を利用して活性酸素を除去することができるのです。ちなみに、アメリカでは早くからがん予防のための食品成分が、どのような機能を果たすかについて科学的に研究されてきました（※）。野菜やスパイスをとることは、**老化を促進させる酸化の防止になり、美肌やアンチエイジングにも！** 野菜とスパイスのパワーはとてつもないのです。

2つ目の理由が、**スープにすると一度にたくさん摂取することができる**から。健康や美容によいとわかっていても、生野菜だと大量に食べることはできないし、冬だと胃腸や体を冷やしてしまいます。スープだとより効率的に食べられる上、一年中楽しめる！さらに効能あるスパイスとのかけ算で、栄養も香りも一層充実して飽き知らず。健康にも美容にもいい、体づくりに役立つのが「スパイススープ」なのです。

大切なのは、**少しずつでいいので「毎日きちんと」**とること。毎日生活しているだけで活性酸素はできてしまうので、習慣的に摂取するのが効果的です。そして、**食材をバランスよく食べること**（右の表の頂点にあるにんにくだけをたくさんとってもダメです）。例えば、にんにく、玉ねぎ、ターメリック…と組み合わせるとよいでしょう。スープなら簡単に取り入れられますよね。スパイスでおいしさだって倍増するんですから、魔法のような料理です。

# VEGETABLE & SPICE

〜〜 の野菜&スパイスは
本書のレシピに
出てきます

高

重要度

低

**にんにく**

キャベツ　大豆（みそ）
甘草　しょうが

セリ科
（にんじん・セロリ・パースニップ）

玉ねぎ　ターメリック（うこん）　お茶

アブラナ科（ブロッコリー・カリフラワー・芽キャベツ）

ナス科（なす・トマト・ピーマン）

柑橘類（オレンジ・レモン・グレープフルーツ）

全粒小麦　亜麻　玄米

メロン　バジル　タラゴン　からす麦（えん麦）　はっか

オレガノ　きゅうり　タイム　あさつき　ローズマリー

セージ　じゃがいも　ベリー

## がん予防に
## 効果が高い食品

（「デザイナーフーズ・ピラミッド」より）

※日本よりも早くからがんの死亡率が深刻な問題とされてきたアメリカ。1990年にはアメリカ国立がん研究所が「デザ
イナーフーズ計画」を発表。野菜を中心とした食事にはがん予防に効果があるとし、食習慣の改善で病気を予防しよう
とする試み。図は、がん予防に効果があると考えられる約40種類の食品を、効果が期待できる順に上から並べたもの。

# SPICE
# SOUP
# PART ②

食べて痩せる！

## きれいになる
## スープ

SPICE
SOUP

多忙によるストレスで太ってしまった、大学院2年生の時。そこで試したのが、「食事前の15分スープダイエット」と名づけた自己流ダイエット。ストレスなく、気づいたら痩せることができました。方法は、①「ぐぅ」と音を立てるまでおなかをすかせる、②スープをゆっくり飲む、③飲み終えてから15分待つ、④それから通常の食事をとる、というもの。しっかりおなかをすかせて、スープで心とおなかを落ち着かせてから食事をとる、それだけです！　ポイントは、①を究極の空腹状態まで持っていくこと。「ぐぅ」の音は、肝臓の糖質が少なくなってきたサイン。そこからようやく体に蓄積された脂肪が燃焼されエネルギーとして利用され始めます。「ぐぅ」を聞いてすぐ食べ始めると、おなかが空いている状態なので過食してしまうことも。そこでスープを挟んで時間をおくことで、おなかが温まり、その後の食事量が抑えられます。ぜひお試しを。

栄養豊富な
セロリたっぷりで
アンチエイジング

バターで熱したクミンの
香ばしさで
風味アップ

じゃがいもの甘みで
セロリの苦みを和らげる

気の巡りをよくする香味野菜がメイン

# セロリのポタージュ

料理で余りがちなセロリの葉が主役。β‑カロテンは茎の2倍！ 栄養素の宝庫で、
抗酸化作用によるアンチエイジング効果も。セロリ好きにはたまりません。

### 材料（2人分）

**A**
| | |
|---|---|
| セロリの葉 ………………… | 1本分 (20g) |
| じゃがいも（5mm厚さのスライス）・ | 1個 (150g) |
| 水 ………………………… | 50ml |

**B**
| | |
|---|---|
| 水 ………………………… | 150ml |
| 塩 ………………………… | 小さじ½ |

テンパリング

**C**
| | |
|---|---|
| バター …………………… | 5g |
| クミンシード……………… | 小さじ¼ |

a

### 作り方

**1** **A**を耐熱容器に入れ（**a**）、ふんわりラップをかけて
電子レンジ（600W）で4分加熱する。

**2** ①に**B**を加えハンドブレンダーでペースト状にする。
さらに電子レンジ（600W）で1分ほど加熱する。

**3** ［ テンパリング ］
フライパンに**C**を入れて中火で熱する。バターが
香ばしく変化し、クミンシードが泡を立てて
全体的に浮かんできたら②に油ごと回しかける。

> バターが泡立ってクミンの様
> 子が見えないときは、箸で軽
> く混ぜるとよいでしょう。ほん
> のりと焦がしバターの香りが
> してくればOKです。

**MEMO** セロリの茎で作ってもOK。その場合、茎の筋を取ってから使いましょう。 **55**

発汗作用のある
しょうがで毒素排出

ターメリックは
発酵食品と相性抜群

酒粕が
腸内環境を整える

粕汁を含んだ油揚げがおいしい

# 水菜と油揚げの粕汁

ターメリックは油に溶け込みやすい性質を持っているので
油揚げは油切りをせずにそのまま使うのがポイントです。

### 材料（2人分）

水菜（4cmに切る）………… 1株（50g）
油揚げ（1cm幅の細切り）………… 1枚
しょうが（せん切り）…………… 1かけ
酒粕 ………………………… 50g
水 …………………………… 300ml
塩 ……………………… 小さじ½
ターメリック ……………… 小さじ¼

### 作り方

① 水菜以外の材料を小鍋に入れて火にかける。
酒粕を溶かしながら、
沸騰してから弱火で5分ほど煮る。

> ふたをしないで煮ることで、
> 酒粕特有のアルコールの
> 強い香りを和らげています。

② 水菜を加えたら火を止め、余熱で火を通す。

POINT

酒粕は余ったら、クラムチ
ャウダー（p.100）やシナモ
ンバナナ（p.106）などに
入れて使うのもおすすめ。

**MEMO** アルコール臭に弱い人は、酒粕半量から調整を。酒粕はペースト状の練り粕を使用。
にんじん、大根などを加えてもおいしいです。

食物繊維たっぷりの
さつまいもは便秘解消にも

美容によい
イソフラボンを
豆乳で摂取

ターメリックの黄色、
シナモンの香りに
心も体も満たされる

豆乳やスパイス入りでヘルシーに

# さつまいものポタージュ

自然の甘さが際立つさつまいもは、腹もち抜群なのにヘルシー。
ターメリックの発色のおかげで、見た目もキレイなスープです。

## 材料（2人分）

| | | |
|---|---|---|
| A | さつまいも | 1本(150g) |
| | ターメリック | 小さじ¼ |
| | 水 | 50ml |
| B | 無調整豆乳 | 200ml |
| | 塩 | 小さじ¼ |
| | シナモンパウダー | 小さじ¼ |

愛用している豆乳はスジャータの有機豆乳。大豆の変なクセが全くなく、本当においしくなります。牛乳でも代用可能。

## 作り方

① [下準備]さつまいもは皮をむいて5mm厚さの輪切りにする。

② Aを耐熱容器に入れて、ふんわりラップをかけて電子レンジ(600W)で4分加熱する。

③ Bを加え、ハンドブレンダーでペースト状にする。

④ さらに電子レンジ(600W)で1分ほど加熱する。

### SPICE POINT

ターメリックの土のような強い香りは、加熱すると和らぐので、最初から入れています。このスープの場合、ターメリックは色づけ用。深みのある黄色のおかげで、さらにおいしく感じられます。

**MEMO** 品種で大きく甘みが異なるさつまいも。自然な甘みが欲しければ、調整豆乳でもOK。
はちみつを少量たしてもおいしいです。

ナツメグの
女性ホルモン（エストロゲン）に
近い成分は美容の味方

マッシュルームの
食物繊維で
腸内環境を整える

ベイリーフの香りが
きのこ類と相性抜群

低カロリーのきのこでインナーケア

# マッシュルームのポタージュ

ブラウンマッシュルームは、加熱することで濃厚な香りや旨みがアップ。
スープなら煮汁に流れ出たマッシュルームの栄養を無駄なく食べられます。

材料（2人分）

A
| ブラウンマッシュルーム（スライス）‥ 100g
| 玉ねぎ（薄スライス）‥‥‥‥‥ ½個（100g）
| にんにく（スライス）‥‥‥‥‥‥‥ 1かけ
| オリーブオイル‥‥‥‥‥‥‥‥ 大さじ 1
| 塩‥‥‥‥‥‥‥‥‥‥‥‥‥‥ 小さじ½

B
| ベイリーフ（ローリエ）‥‥‥‥‥‥ 1枚
| 水‥‥‥‥‥‥‥‥‥‥‥‥‥ 100ml

無調整豆乳‥‥‥‥‥‥‥‥‥‥ 200ml ← 牛乳でも代用可。

ナツメグ・こしょう‥‥‥‥‥‥‥ 各少々

作り方

① フライパンに**A**を入れ、中火で10分ほど炒める。
途中で焦げそうになったら火を弱める。

② 玉ねぎとマッシュルームが茶色く色づいたら、
**B**を加えて10分蒸し煮にする。

③ 一度火を止め、ベイリーフを取り除き、無調整豆乳を加えて
ハンドブレンダーにかける。再度火にかけ、豆乳が分離しないように、
煮立ち始めたらすぐに火を止める。

④ ナツメグ・こしょうをふりかける。

MEMO　ホワイトマッシュルームを使用すると、 香りが控えめになります。
①でしっかり茶色く炒めることが旨みやこくを引き出すポイント。

カリフラワーに含まれる
レモンに負けないビタミンC
で<u>美肌・美白</u>に

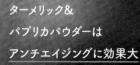

ターメリック&
パプリカパウダーは
<u>アンチエイジング</u>に効果大

低糖質野菜はダイエットにも

# カリフラワーとベーコンのスープ

焼き目をつけたカリフラワーのほくほくとした食感と、
にんにくや玉ねぎ、ベーコンの旨みのおかげで、おなかも心も大満足。

材料（2人分）

A
| | | |
|---|---|---|
| カリフラワー（小さく切る）···· | ½株（150g） | |
| 玉ねぎ（薄スライス）········· | ¼個（50g） | |
| ベーコン（拍子木切り）············· | 50g | |
| にんにく（包丁の背でつぶす）······ | 1かけ | |
| オリーブオイル················· | 小さじ1 | |
| 塩························· | 小さじ½ | |

B
| | |
|---|---|
| 白ワイン··················· | 大さじ1 |
| ターメリック················· | 小さじ¼ |
| クミンパウダー················ | 小さじ¼ |
| パプリカパウダー··············· | 小さじ¼ |
| 水····················· | 300ml |

作り方

① フライパンに**A**を入れ、中火で3分ほど炒める。

② 玉ねぎが透明になり、カリフラワーに軽く焦げ目がついてきたら
**B**を加える。沸騰したらふたをして弱火で10分ほど煮る。

お好みで仕上げに
こしょうをふっても！

**MEMO** カリフラワーも、同じアブラナ科のブロッコリーと同様に（ブロッコリーの洋風スープp.32）
軽く炒めると風味が増します。

ごまの抗酸化作用は
アンチエイジングに

にんじんの
β-カロテンが
シミやシワを予防

クミンの風味と
練りごまのこくは
相性抜群

スパイスを加えて味に深みを

# クミン香るキャロットポタージュ

クミン、練りごま、にんにく…風味あふれる脇役たちが
にんじんのシンプルな甘みをぐっと引き立てます。

材料(2人分)

|   |   |   |
|---|---|---|
| **A** | にんじん(1cm厚さの輪切り) · | 1本(150g) |
|   | 水 · | 50ml |
|   | おろしにんにく · | 小さじ½ |
| **B** | 無調整豆乳 · | 200ml |
|   | 練りごま(白) · | 大さじ1 |
|   | 塩 · | 小さじ¼ |
|   | クミンパウダー · | 小さじ¼ |

作り方

① **A**を耐熱容器に入れ、
ふんわりラップをかけて電子レンジ(600W)で4分加熱する。

② **B**を加え、ハンドブレンダーでペースト状にする。

③ さらに電子レンジ(600W)で1分ほど加熱する。
※冷製にする場合は②を冷蔵庫で冷やす。

**MEMO** 豆乳(愛用しているのはスジャータの有機豆乳→p.59参照)を
仕上げに回しかけると、見た目もきれいです。

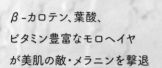

β-カロテン、葉酸、
ビタミン豊富なモロヘイヤ
が美肌の敵・メラニンを撃退

クミンの香ばしさで
さっぱりと元気に

粘り気のある
独特なとろみは
食べすぎ予防にも

スパイスと野菜で内側から浄化

# モロヘイヤの
# エスニック風スープ

クレオパトラも愛したともいわれる、美人になれるスープ。
とろとろとしたのど越し、クミンの香ばしさをじっくりと味わって。

材料（2人分）

テンパリング

A
| クミンシード……………………… 小さじ¼
| 油 ………………………………… 大さじ 1

にんにく（みじん切り）…………… 1かけ

B
| モロヘイヤ（みじん切り）…… 1束（100g）
| 水 ………………………………… 400ml
| 塩 ………………………………… 小さじ 1
| こしょう ………………………… 小さじ⅛

作り方

① ［テンパリング］
フライパンにAを入れて中火で熱する。
クミンシードが泡を立てて全体的に浮いてきたらにんにくを加える。

② にんにくが茶色く色づいてきたら、Bを加え、
ひと煮立ちしたら火を止める。

ピーナッツに含まれる
ポリフェノールが
肌と髪に潤いを与える

β-カロテン豊富な青じそで
美肌&老化防止に

ぐんぐん飲めちゃう爽やかさ

# しそのジェノベーゼスープ

野菜の中でも栄養価の高い青じそが主役。ジェノベーゼというと
松の実を使うことが多いのですが、ピーナッツで作りやすくしました。

## 材料 ( 2 人分 )

| | |
|---|---|
| 青じそ | 10枚 (10g) |
| ピーナッツ | 20粒(20g) |
| にんにく | 1かけ |
| オリーブオイル | 大さじ1 |
| 塩 | 小さじ½ |
| クミンシード | 小さじ¼ |
| 水 | 250ml |

パウダーでも代用可。

## 作り方

**1** すべての材料を耐熱容器に入れ、ハンドブレンダーにかける。

**2** 電子レンジ(600W)で4分加熱する。

※冷製スープにする場合は、水を100mlにしてハンドブレンダー にかけ、
電子レンジ(600W)で3分加熱し、そこに氷(150g)を入れるとよい。

### 保存方法

冷凍保存する場合は、水以外をペーストに
するとよい(量が少ないとハンドブレンダー
をかけにくいので、倍量以上で作るのがお
すすめ)。冷凍保存したペーストは、少ない
水でのばせば、パスタソースにもなります。

**MEMO** クミンシードは若干粒が残っていてよい。
ニョッキ(p.120)やバゲットと合わせるとおいしいです。

ココナッツミルクは
すぐに代謝されてエネルギーになる
中鎖脂肪酸を含む

鉄分がとれる
ほうれん草が
冷えや血流を改善

たくさんの種類の
スパイスを摂取

サグカレーを
美容にアレンジ

# ほうれん草のポタージュ

ヘルシーでいて濃厚なポタージュでインナーケアを。
ほうれん草は冷凍食品を使えばさらに時短になります。

材料（2人分）

A
| ほうれん草（ざく切り）…… 1束（150g）
| 玉ねぎ（薄スライス）……… ¼個（50g）
| にんにく（スライス）…………… 1かけ
| しょうが（スライス）…………… 1かけ
| ココナッツミルク…………… 100ml
| 塩 ………………………… 小さじ½
| ターメリック ……………… 小さじ⅛
| パプリカパウダー………… 小さじ⅛
| シナモンパウダー ………… 小さじ⅛

テンパリング

| マスタードシード………… 小さじ¼
| クミンシード……………… 小さじ¼
| 油………………………… 小さじ 1

**POINT**

ココナッツミルクは、余ったら小分けにして冷凍保存ができます。また、ココナッツミルクの代わりに、ココナッツミルクパウダー（大さじ2を水100mlに溶く）でも代用可。香りも味もあっさり仕上げたいときは、ココナッツミルクを牛乳100mlに替えてもOK。

作り方

① **A**を耐熱容器に入れて、ふんわりラップをかけて、
電子レンジ（600W）で5分加熱する。

② ①をハンドブレンダーでペースト状にする。

③ ［テンパリング］
フライパンに油とマスタードシードを入れて、中火で熱する。
マスタードシードがはね始めたら弱火にし、クミンシードを加える。

④ クミンシードが泡を立てて全体的に浮かんできたら油ごと②に加える。

MEMO スパイス類は量が多いと、ほうれん草と合わさって
苦みとして感じることがあるため、少なめが◎。

オクラのとろみで
満腹感アップ

ココナッツオイルが
脂肪燃焼によい

ミネラル成分のある
黒糖で甘さをプラス

南インド風の酸味がたまらない

# オクラとトマトのスープ

さっぱりとしたトマトスープは一年中食べたい甘酸っぱさが決め手。
カレーのようにご飯にかけても抜群においしいです。

材料（2人分）

タマリンド水

A
| タマリンド（種を除いた梅干しで代用可）‥ 10g
| 水 ‥‥‥‥‥‥‥‥‥‥‥‥‥‥‥‥ 200ml
| にんにく（包丁の背でつぶす）‥‥‥‥ 3かけ
| しょうが（みじん切り）‥‥‥‥‥‥‥ 1かけ
| ココナッツオイル（植物油で代用可）‥ 大さじ1

トマト（ざく切り）‥‥‥‥‥‥ 1個（200g）

B
| オクラ（3等分に切る）‥‥‥‥‥‥‥ 8本
| 黒糖（粉末）‥‥‥‥‥‥‥‥‥‥ 大さじ½
| 塩 ‥‥‥‥‥‥‥‥‥‥‥‥‥‥ 小さじ½
| こしょう ‥‥‥‥‥‥‥‥‥‥‥ 小さじ¼
| パプリカパウダー ‥‥‥‥‥‥‥ 小さじ¼
| クミンパウダー‥‥‥‥‥‥‥‥ 小さじ¼
| ターメリック ‥‥‥‥‥‥‥‥‥ 小さじ¼

> 黒糖がなければ
> 白砂糖でも。

テンパリング

| ココナッツオイル（植物油で代用可）‥ 小さじ1
| マスタードシード‥‥‥‥‥‥‥‥ 小さじ½
| カレーリーフ（あれば）‥‥‥‥‥‥ 10枚

作り方

① ［下準備］タマリンド（ⓐ）を水に入れてもみほぐし、
タマリンド水を作っておく。

② フライパンにAを入れて、弱火で炒める。

③ しょうがの香りが立ってきたらトマトを加え、
果肉がつぶれてペースト状になるまで、弱中火で炒める。

④ Bを加えて2分ほど炒めた後、①のタマリンド水を加え、
ひと煮立ちしたら火を止める。

> タマリンドの殻や筋が
> ある場合は取り除く。

⑤ ［テンパリング］フライパンにマスタードシード、ココナッツオイルを
入れて中火で熱する。マスタードシードがはね始めたら弱火にする。

⑥ マスタードシードのはねがおさまりかけたらカレーリーフを加え、
2～3秒後に油ごと④に加える。

ⓐ

MEMO パプリカパウダーをチリペッパーに替えるとスパイシーに！ 暑い日は冷やすと絶品。 **73**

さばのEPAは
血液サラサラ
アンチエイジングに!

おろし大根の辛み成分が
新陳代謝を活発に

ターメリックが
魚特有の臭みを消す

魚の栄養素できれいになる

# さばのみぞれ汁

青魚から出る脂は、健康にいいので積極的にとりたいもの。
おろし大根のスルスルっとした口あたりが心地いい、さっぱり仕上げに。

材料（2人分）

|   |   |   |
|---|---|---|
| A | しょうが(せん切り) ………………… | 1かけ |
|   | ごま油 ………………………………… | 小さじ1 |
|   | さば水煮缶 ………………………… | 1缶(190g) |
|   | 大根(すりおろす) ………………… | 10cm |
| B | 酒 ……………………………………… | 大さじ1 |
|   | ターメリック ………………………… | 小さじ¼ |
|   | パプリカパウダー ………………… | 小さじ¼ |
|   | 水 ……………………………………… | 100ml |
|   | 塩 ……………………………………… | 小さじ¼〜 |
|   | 小ねぎ(お好みで) ………………… | 適量 |

作り方

1 フライパンに**A**を入れ、弱火で炒める。

2 しょうがの香りが立ってきたら、
**B**(さば水煮缶の汁ごと)を加えてふたをして5分ほど煮る。

3 塩で味をととのえ、小ねぎをのせる。

MEMO さば水煮缶の塩気はメーカーによって異なるので、最後に塩で味をととのえます。 75

仕上げのスパイスで
風味アップ

満足感の高い
いも類の中でも
糖質低めの里いも

ココナッツミルクと
ココナッツオイルのW使いで
脂肪燃焼を促す

甘みのあるマイルドな味わい

# 里いものココナッツスープ〜南インド風〜

里いもを使ったココナッツカレーは、南インドのベジタリアン料理。
脂肪燃焼食材を使っているので、食後に軽い運動をするとGood!

材料（2人分）

A
里いも（一口大に切る）‥‥‥‥‥ 3個（150g）
玉ねぎ（薄スライス）‥‥‥‥‥‥ ¼個（50g）
にんにく（みじん切り）‥‥‥‥‥‥ 1かけ
しょうが（みじん切り）‥‥‥‥‥‥ 1かけ
塩 ‥‥‥‥‥‥‥‥‥‥‥‥‥‥‥‥ 小さじ½
ターメリック ‥‥‥‥‥‥‥‥‥‥‥ 小さじ¼
パプリカパウダー ‥‥‥‥‥‥‥‥ 小さじ¼
水 ‥‥‥‥‥‥‥‥‥‥‥‥‥‥‥ 500ml

B
ヨーグルト ‥‥‥‥‥‥‥‥‥‥‥ 100g
ココナッツミルク ‥‥‥‥‥‥‥‥ 100ml

テンパリング
ココナッツオイル（植物油で代用可）‥ 大さじ1
マスタードシード ‥‥‥‥‥‥‥‥ 小さじ½
カレーリーフ（あれば）‥‥‥‥‥‥ 10枚

LEVEL UP

Aに青唐辛子1本
（なければししとう
1本やピーマンひ
と切れでも）を加え
るとより風味UP。

作り方

1 鍋にAを入れ、中火で10分ほど煮る。

2 里いもに火が通り、水がほとんどなくなったら弱火にし、Bを加える。
煮立つ直前で火を止める。

3 ［テンパリング］
フライパンにマスタードシード、ココナッツオイルを入れて、中火で熱する。
マスタードシードがはね始めたら弱火にする。

4 マスタードシードのはねがおさまりかけたらカレーリーフを加え、
2〜3秒後に油ごと②に加える。

MEMO 冷凍保存する場合は、テンパリングする前の②で保存するとよい。
食べる直前にテンパリングするとより香りが楽しめます。

ダイエットにも精神安定にも

# 「食事瞑想」をはじめよう

「食べる」ことだけに「集中」する。
それだけで豊かになる、魔法のような話。

## 食事瞑想ってなあに?

「今」ある食べ物に全神経を向けてゆっくり食事する――これによって「瞑想」と同じような効果が得られるというもの。アメリカでは研究が進み、「瞑想ランチ」を取り入れる企業も。メンタル面の健康維持にいいとされ、注目されています。

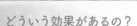

## どういう効果があるの?

ゆっくりと食べることで、満腹中枢が刺激されて過食防止に。さらに満足感によるホルモンが放出され、幸福感で満たされます。ストレスから解放されて感情が安定、集中力アップ、といいことずくめ!

## どんな人におすすめ?

どこかに不調を感じている人、ダイエットがうまくいかない人、ついつい間食してしまう人、精神的に疲れている人。常に情報過多で、忙しい現代人すべてにおすすめです。

「おいしい!おいしい!」私はそう言いながら食事をします。どんなに忙しくても食事をするときだけは、他の考え事をしない。一口一口ゆっくりと食べることで、体に食べ物のエネルギーがため込まれるのがわかり、「自分を大切にする」喜びを得、心身をコントロールできるようになりました。そして、余計な量をとらずに済むように、するっと飲めてしまうスープでこそ取り入れてほしい方法です。素材の栄養がしみ込んだスープを飲むことで、体を巡り、心が整い、心身の変化を実感します。ぜひ試してみてください。

## HOW TO 食事瞑想

#### 食事の前

1. 「どこが不調?」「何を食べたい?」
など自分に質問する。

2. 自分のために
丁寧に料理をする。

#### 食事中

3. 目、耳、鼻、舌、触覚など
五感を研ぎ澄まして素材を味わう。

4. ここまでたどり着いた食材と作った
自分に感謝をする。

#### 食後

5. 自分の中に入った
素材がおなかを満たし、
不調の部分を癒やしていくこと
をイメージする。

--- 食事瞑想これはNG! ---

☑ テレビやスマホを見たりなど何かをしながら食べる。

☑ 痩せたいから食べたいものを我慢する。

☑ おなかが空いていて一気に早食いをする。

# SPICE
# SOUP
# PART ③

## ひと皿で大満足!

# もぐもぐ食べる
# ごちそうスープ

私の家の食卓に出てきたのは、母が作った「具沢山」スープでした。それもあってか、素材をしっかりと食べるスープが大好き（肉や魚が入っていたらうれしい！）。このパートは個人的にも思い入れがあるレシピばかり。お肉や魚介、野菜がごろごろたっぷり。食べごたえは十分でもスープなので食後は軽やかです。どのレシピも、作りやすいようにシンプルな材料にしてい

## SPICE SOUP

ます。そこにお好み
の野菜をたしたり、家
にある食材に替えたりして
自分流にアレンジしてもOK。
見栄えもよくメインにもサブにもなるレシピ
なので、おもてなし料理にもぴったり。大切な誰かを思って作る、
そんな幸せなひとときを過ごすのもいいですね。

味わいに深みを出す
多種類のスパイスは
分量がカギ

レモンのクエン酸が
疲れを解消

鶏もも肉で
たんぱく質を補給

すっと体にしみ入る爽やかさ

# 鶏肉のレモンスープ

レモンが効いた地中海風の味わいは、食べ飽きないおいしさ。
カレーと使用するスパイスが同じでも、まったく異なる味わいです。

材料（**2人分**）

テンパリング

**A** │ カルダモン ······················· 3粒
　 │ オリーブオイル ············ 大さじ1

**B** │ 玉ねぎ（薄スライス）······· ¼個（50g）
　 │ おろしにんにく ············· 小さじ½
　 │ おろししょうが ············· 小さじ½
　 │ 塩 ··························· 小さじ½

**C** │ 鶏もも肉（一口大に切る）······· 200g
　 │ レモン汁 ···················· 大さじ1
　 │ 砂糖 ························· 小さじ½
　 │ パプリカパウダー ············ 小さじ⅛
　 │ クミンパウダー ·············· 小さじ⅛
　 │ ターメリック ················ 小さじ⅛
　 │ シナモンパウダー ············ 小さじ⅛
　 │ ナツメグ ···················· 小さじ⅛
　 │ ベイリーフ（ローリエ）·········· 2枚
水 ···························· 300ml

SPICE POINT

微量のスパイスと砂糖が絶妙なバランスを保っています。はっきりとした酸味のあるレモンに合わせるためには、何かを立たせすぎないことがポイント。特にナツメグとシナモンは加えすぎに注意！

作り方

**①**［テンパリング］フライパンに**A**を入れて、中火で熱する。

**②** カルダモンが膨らんできたら、**B**を加え、中火で5分ほど炒める。

**③** 玉ねぎが薄茶色に色づいてきたら、**C**を加えて1分ほど炒め合わせる。

**④** 水を加えて沸騰したら、ふたをして弱火で15分煮る。
　 お好みでカットしたレモン（材料外）を添える。

柔らかなビーフの
鉄分とエネルギーを
チャージ

つんとした香りの
クローブは
赤ワインと好相性

マイルドなこくを加える
生クリーム入りで
満足感が高い

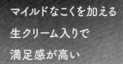

牛肉は最後に入れて時短でおいしく

# ビーフストロガノフ風スープ

小麦粉をまぶした牛肉が、滑らかな舌触りと優しいとろみをつけてくれます。
炒めたマッシュルームの旨みを、ワインで煮てさらに引き出すのがコツ。

## 材料（2人分）

**下準備**

| | |
|---|---|
| 牛薄切り肉 | 100g |
| 小麦粉 | 大さじ1 |
| 塩 | 小さじ¼ |

**A**
| | |
|---|---|
| ブラウンマッシュルーム<br>（5mm厚さに切る） | 100g |
| 玉ねぎ（薄スライス） | ½個（100g） |
| バター | 10g |
| 塩 | 小さじ½ |

**B**
| | |
|---|---|
| 赤ワイン | 100ml |
| クローブ | 1粒 |
| ベイリーフ（ローリエ） | 1枚 |
| パプリカパウダー | 小さじ½ |
| ナツメグ | 小さじ⅛ |
| こしょう | 小さじ⅛ |

| | |
|---|---|
| 水 | 250ml |
| 生クリーム | 50ml |

（Kiriクリームチーズ2個（36g）で代用可）

**POINT**

クリームチーズで代用するときは、木べらでこすりながら、溶かし合わせてから牛肉を加えます。牛乳は赤ワインの酸で分離してしまうので代用できません。

## 作り方

① ［下準備］牛薄切り肉に塩をまぶしてから小麦粉をふり、広げておく。

② フライパンに**A**を入れ、ブラウンマッシュルームが半分くらいに縮み薄茶色になるまで、弱火で10分ほど炒める。

③ **B**を加えてふたをして、ごく弱火で15分蒸し煮にする。焦げないように注意する。

④ 水、生クリームを加え沸騰したら①の牛肉を加え、弱火で1分煮たらすぐ火を止める

> 肉が堅くならないように余熱で火を通すのがポイント。

**MEMO** マッシュルームは、香りがより強いブラウンのほうが、肉と合わせたときに旨みとして感じやすいです。

みその風味と
ターメリックの香りが
抜群にマッチ

里いものぬめり成分が
コレステロール値の
上昇を抑える

抗酸化作用の高い
セサミンを練りごまで
効率よく吸収

仙台の郷土料理をアレンジ

# ごまいも煮汁

私の地元・仙台名物のいも煮汁をスパイス&ごま仕立てに。
ごろんと入れた里いもは、食べごたえがありながらも低カロリー。

**材料（2人分）**

A
| しょうが（せん切り） ………… 1かけ
| ごま油 ……………………… 小さじ1

B
| 里いも（一口大に切る）… 3個（100g）
| みそ ………………………… 大さじ1
| パプリカパウダー ………… 小さじ¼
| ターメリック ……………… 小さじ¼
| 水 ………………………… 300ml

C
| 練りごま（白） …………… 大さじ1
| 削りがつお ………… ひとつかみ（3g）

豚薄切り肉 ………………………… 100g
小ねぎ（お好みで）……………… 適量

**作り方**

1 フライパンに**A**を入れて、弱火で炒める。

2 しょうがの香りが立ってきたら**B**を加え、ふたをして10分ほど弱火で煮る。

3 里いもに火が通ったら**C**を加えて、とき合わせる。

4 豚薄切り肉を広げながら加え、色が変わったらすぐに火を止める。お好みで小ねぎをかける。

> 豚肉は色が変わったらすぐに火を止める。堅くならないようにしましょう。

鶏肉は骨つきなら
コラーゲンと旨みが
圧倒的

多種類のスパイスが
とれるので
心と体が元気に

とにかく煮込む、それだけで絶品！

# 骨つき鶏肉のカレースープ ～インド風～

いろんな種類のスパイスを持っている人はぜひ試してほしい一品。
作った翌日には味にどんどん深みが出て、たまらないおいしさに。

材料（2人分）

テンパリング

A
| 油 ……………………… 大さじ 1
| カルダモン ……………………… 3粒
| クローブ ……………………… 3粒
| クミンシード ……………… 小さじ½

B
| 玉ねぎ（薄スライス） …… ½個（100g）
| おろしにんにく ……………… 小さじ 1
| おろししょうが ……………… 小さじ 1

C
| 手羽元 ……………… 4〜6本 （300g）
| トマト（ざく切り） ……… ½個（100g）
| 水 ……………………… 400ml
| 塩 ……………………… 小さじ 1
| ターメリック ……………… 小さじ½
| パプリカパウダー ………… 小さじ½
| クミンパウダー …………… 小さじ½
| シナモンパウダー ………… 小さじ¼
| ナツメグ ……………… 小さじ¼
| ベイリーフ （ローリエ） ………… 1枚

作り方

① ［テンパリング］フライパンに**A**を入れて、中火で熱する。

② カルダモンが膨らみ始めたら**B**を加え、
玉ねぎが薄茶色になるまで中火で5分ほど炒める。

③ **C**を加え、ふたをして弱火で1時間ほど煮込む。

時短
POINT

圧力鍋で作る場合は、水
を250mlに減らし15分
加圧し自然冷却で完成。

MEMO　　微量のシナモン、ナツメグが深みを生み出しますが、
加えすぎると臭くなってしまうので注意。
辛くしたい場合は、パプリカパウダーをチリペッパーに替えます。

根菜類は、
糖質とビタミンの
バランス抜群

粒マスタードの
プチプチ食感が
アクセント

ひと皿で大満足 ♡

# ごろんと野菜のポトフ
# 自家製・粒マスタード添え

野菜は、大きめに切るのがポイント。外側柔らか、内側ほっくりと
根菜ならではの食感のグラデーションが楽しめます。

材料（2人分）

ソーセージ ············ 4本
玉ねぎ（4等分に切る）· 1個
じゃがいも（4等分に切る）
················· 1個
にんじん（4等分に切る）
················· 1本
セロリ（8cm長さに切る）
················· 1本
にんにく（包丁の背でつぶす）
················ 1かけ
水············· 400ml
塩············· 小さじ1
クローブ··········· 2粒
ベイリーフ（ローリエ）· 2枚

作り方

すべての材料をフライパンに入れて
中火にかけ、沸騰したらふたをして
弱火にし、20分ほど煮る。

LEVEL UP

野菜の皮で黄金スープに！

**さらに深みのある
ポトフにするには**

①玉ねぎ、にんじん、にんにくの
皮は捨てずに、水、セロリの葉、
クローブ、ベイリーフと一緒に弱
火で10分ほど煮る。②黄金のスパ
イススープになったら、野菜の皮
を箸で取り除き、具材を入れて煮
る。塩加減をみて水をたすなど調
整する。

MUSTARD

残ったスパイスで作り置き！

# 自家製・粒マスタード

材料（小瓶1本分 約100ml）

マスタードシード· 大さじ3
酢············· 大さじ3
砂糖··········· 小さじ½
塩············· 小さじ¼

> サンドイッチやサラダな
> ど他の料理にも使えます。

作り方

**1** たっぷりの水にマスタードシードを
8時間以上つけておく。

**2** ①の水をよくきり、残りの材料を加えて
ハンドブレンダー（またはすりこ木）で粒
感が半分残るくらいにつぶしたら、冷蔵
庫で2日ほどねかせる。

※できたてはえぐみがありますが、
時間がたつと熟成してまろやかになります。

ひよこ豆や青えんどう豆、赤いんげん豆は
たんぱく質、ビタミン、ミネラル、
食物繊維が豊富

野菜になじんだひき肉で
エネルギーチャージ

具だくさんの食べる系スープ

# チリコンカン

肉、豆、野菜をバランスよくとれるスープは食べごたえも十分。
素材の味がなじんだ翌日は、よりおいしいのが煮込み料理のいいところ。

材料（**2人分**）

**A**
| | |
|---|---|
| 玉ねぎ(みじん切り) | ½個 (100g) |
| にんにく(みじん切り) | 2かけ |
| バター | 10g |
| 塩 | 小さじ1 |
| カルダモン | 3粒 |

**B**
| | |
|---|---|
| 合いびき肉 | 100g |
| にんじん(8mmの角切り) | ½本(75g) |
| ベイリーフ(ローリエ) | 2枚 |
| クミンパウダー | 小さじ1 |
| パプリカパウダー | 小さじ1 |
| ナツメグ | 小さじ¼ |
| こしょう | 小さじ¼ |

**C**
| | |
|---|---|
| カットトマト缶 | ½缶(200g) |
| ミックスビーンズ水煮 | 100g |
| 水 | 100ml |

SPICE POINT

ナツメグは入れすぎ注意。
適量だと肉の臭みを消
してくれますが、多すぎ
るとナツメグ特有の強い
香りが出てしまいます。

作り方

**1** フライパンに**A**を入れ、中火で5分ほど炒める。

玉ねぎの炒め具合で味が変わりま
す。透明になる程度だとライトな仕
上がりに、しっかり茶色になるまで
炒めるとこくのある味わいに！

**2** 玉ねぎが薄茶色になったら**B**を加え、1分ほど炒め合わせる。

**3** **C**を加え、沸騰したらふたをして弱火で20分ほど煮込む。

MEMO パプリカパウダーの一部（小さじ1/4など）を
チリペッパーに替えると、辛みが出てきてスパイシーに！

93

ソーセージのたんぱく質、
セロリの食物繊維など、
栄養バランスがいいスープ

レンズ豆の鉄分は、
大豆より豊富！ビタミンもとれて
疲労回復・美肌効果あり

風味豊かでビールにも合う

# レンズ豆とソーセージのスープ

レンズ豆のホクホクとした食感、ソーセージの肉感、そしてスパイスの深み。
それらが絶妙に合わさった"食べる"スープは、おもてなし料理としてもおすすめ。

## 材料（2人分）

乾燥レンズ豆 ・・・・・・・・・・・・・・・・・・・・・・・ 50g

A
| ソーセージ（1cm幅に切る） ・・・・・・・ 4本
| セロリの茎（みじん切り） ・・・・・・・・・ 1本
| 玉ねぎ（みじん切り） ・・・・・・・・・・・・・ ½個
| にんにく（包丁の背でつぶす）・・・ 1かけ
| オリーブオイル ・・・・・・・・・・・・・・ 小さじ1
| 塩 ・・・・・・・・・・・・・・・・・・・・・・・・・ 小さじ½

B
| ベイリーフ（ローリエ） ・・・・・・・・・・・ 1枚
| クローブ ・・・・・・・・・・・・・・・・・・・・・・・ 1粒
| パプリカパウダー ・・・・・・・・・・・ 小さじ¼
| ナツメグ ・・・・・・・・・・・・・・・・・・ 小さじ⅛
| こしょう ・・・・・・・・・・・・・・・・・・ 小さじ⅛

白ワイン ・・・・・・・・・・・・・・・・・・・・・ 大さじ1
水・・・・・・・・・・・・・・・・・・・・・・・・・・・・ 500ml

煮る時間が短くていいレンズ豆は、使い勝手がいい乾物なので常備しておくと便利。

## 作り方

① ［下準備］乾燥レンズ豆は軽く水洗いしておく。

② フライパンに**A**を入れて、中火で3分ほど炒める。

③ 玉ねぎが薄茶色になったら弱火にし、**B**を加えて1分ほど炒め合わせる。

④ 白ワイン、水、①を加え、
沸騰したらふたをして弱火で25分ほど煮る。

アンチエイジング効果の高い
パプリカパウダーは
多めに入れて

オリーブオイルで
香りを抽出した
クミンで香り豊かに

必須アミノ酸を含む牛肉と、
ビタミン豊富なトマトは
相性抜群

お好みでクリームチーズを添えて

# 牛肉のパプリカスープ

パプリカパウダーを使ったハンガリー料理、グヤーシュという煮込みスープ。
さらに複数のスパイスで深みを出したカリー子流を召し上がれ。

材料（2人分）

テンパリング

**A**
| オリーブオイル ················ 大さじ1
| クミンシード ················ 小さじ¼

**B**
| 玉ねぎ（くし形切り）······ ½個(100g)
| にんにく（スライス）············ 1かけ
| 塩 ···················· 小さじ1

**C**
| 牛肩ロース肉（一口大に切る）··· 200g
| トマト（ざく切り）········· ½個(100g)
| ベイリーフ（ローリエ）··········· 1枚
| パプリカパウダー············· 大さじ1
| ナツメグ ················ 小さじ⅛
| こしょう················ 小さじ⅛

水 ···························· 400ml

Kiriクリームチーズ（お好みで）······ 適量

POINT

これは最小限の具材でおいしくなる基本レシピ。④で煮るタイミングで、じゃがいもやにんじん、セロリやピーマンなど、お好みの野菜を加えてアレンジできます。

作り方

**①** ［テンパリング］フライパンに**A**を入れて、中火で熱する。

**②** クミンシードが泡を立てて全体が浮いてきたら**B**を加え、
中火で5分ほど炒める。

**③** 玉ねぎが薄茶色になったら**C**を加え、1分ほど炒め合わせる。

**④** 水を加え、沸騰したらふたをして弱火で20分ほど煮る。
お好みで、小さくちぎったクリームチーズをのせる。

**MEMO** 肉をじっくりほろほろにしたい場合は、水をたしながら1時間煮込みます。 **97**

低脂質、高たんぱくな
えびの旨みがたっぷり

多種類のスパイスで
魚介の臭みを
抑えつつ香り豊かに

トマトと相性のいい
パプリカパウダーが
甘みを引き出す

えびの濃厚な旨みを凝縮

# えびのビスク風スープ

殻から出汁をとったひと手間と、スパイスの香りづけでレストラン級に！
仕上げに生クリームをひと回しかけると、ご馳走感がアップします。

## 材料（2人分）

有頭えび ···························· 6尾
生クリーム ······················· 50ml

A
水 ································· 200ml
ターメリック ················ 小さじ¼
クローブ ························· 2粒
ベイリーフ（ローリエ）·········· 1枚

B
玉ねぎ（薄スライス）······ ½個（100g）
バター ····························10g
塩 ·························· 小さじ½

C
カットトマト缶············· ½缶（200g）
パプリカパウダー ·········· 小さじ 2
砂糖 ······················ 小さじ½

POINT

生クリームは、Kiriクリームチーズ2個で代用可能。クリームチーズの場合は、**C**の材料と同じタイミングで加えるとよい。

## 作り方

**①** ［下準備］
よく洗った有頭えびは、頭を取り、
背わたを取り殻をむく。殻と身に分ける。

**②** えびの頭と殻、**A**を小鍋に入れ（**a**）、沸騰したら弱火で5分ほど煮る。
粗熱が取れたら、ざるでこす。

**③** フライパンに**B**を入れ、中火で5分ほど玉ねぎが薄茶色になるまで炒める。

**④** ざるでこした②の汁、**C**を加え、ハンドブレンダーでペースト状にする。

**⑤** 生クリーム、えびの身を加え、えびの色が変わるまで
中火で3分ほど煮て、塩（分量外）で味をととのえる。

**MEMO** えびの濃厚な香りはしなくなるが、無頭冷凍えびやむきえびを代用してもOK。
えびによって塩気が異なるので、塩で最後に味をととのえます。

あさりには
ミネラル、亜鉛、タウリンと
栄養素たっぷり

あさりとベーコンの旨みが
牛乳に溶け出して
抜群のおいしさに

寒い季節にあたたまる

# クラムチャウダー

大人にも子供にも愛されるミルク系スープの大定番。
ここでのスパイスは名脇役。素材の香りを深めるために使っています。

材料（2人分）

A
| 玉ねぎ（みじん切り）…… ½個（100g）
| ベーコン（拍子木切り）………… 50g
| バター……………………………… 10g
| 塩………………………………… 小さじ½

B
| クローブ………………………… 1粒
| ベイリーフ（ローリエ）………… 1枚
| パプリカパウダー………… 小さじ¼
| ナツメグ……………………… 小さじ⅛
| こしょう……………………… 小さじ⅛
| 薄力粉……………………… 大さじ1

C
| 白ワイン…………………… 大さじ1
| あさりのむき身………………… 50g
| にんじん（1cmの角切り）……… ½本
| 水………………………………… 200ml

牛乳………………………………… 200ml

ARRANGE MEMO

**酒粕入りで
和風にアレンジ**

白ワインの代わりに酒粕（大
さじ1）を加えると、こくがあ
る酒粕クラムチャウダーにな
ります。粕汁（p.56）で余った
酒粕を使用するとよい。

作り方

① フライパンに**A**を入れて、中火で炒める。

② 玉ねぎが薄茶色になってきたら、焦げないようにごく弱火にして
**B**を加え、30秒ほど混ぜ合わせる。

③ **C**を加えて沸騰したら、ふたをして弱火で15分ほど煮込む。

④ 牛乳を加えて、ひと煮立ちさせる。
お好みでドライパセリ（材料外）をかける。

煮込んでいる間、フライパン
の底が焦げないように注意。

MEMO　ブロッコリー、コーン、ミックスベジタブルなどを入れてもおいしい。
あさりは冷凍のむきあさりでもOK。

**101**

必須アミノ酸を多く含むラム肉が、
脂肪燃焼・貧血防止にも

体を内から温める
にんにく、しょうが、長ねぎは
薬効の宝庫

モンゴルの雰囲気が漂う

# 羊肉の塩スープ

滋味豊かなスープのおいしさを決めるのは、塩。味がぼやけていれば
塩をたし、しょっぱく煮つまりすぎていれば水を少量たしましょう。

## 材料（2人分）

| | |
|---|---|
| ラム肉（一口大に切る）・・・・・・・・・ | 200g |
| しょうが（スライス）・・・・・・・・・・・・ | 3枚 |
| にんにく（包丁の背でつぶす）・・・・ | 1かけ |
| 長ねぎの青い部分・・・・・・・・・・・・・ | 1本分 |
| 水・・・・・・・・・・・・・・・・・・・・・・・・・・ | 500ml |
| 酒・・・・・・・・・・・・・・・・・・・・・・・・・・ | 50ml |
| 塩・・・・・・・・・・・・・・・・・・・・・・・・・・ | 小さじ1 |
| 黒こしょう（粒）・・・・・・・・・・・・・・・ | 小さじ¼ |
| クミンシード・・・・・・・・・・・・・・・・・ | 小さじ½ |
| シナモンパウダー・・・・・・・・・・・・・ | 小さじ⅛ |
| ナツメグ・・・・・・・・・・・・・・・・・・・・ | 小さじ⅛ |
| パプリカパウダー・・・・・・・・・・・・・ | 小さじ⅛ |
| クローブ・・・・・・・・・・・・・・・・・・・・・ | 3粒 |
| ベイリーフ（ローリエ）・・・・・・・・・・ | 1枚 |

ひと手間でワンランク上に！

持っていれば八角（スターアニス）1粒、ブラウンカルダモン1粒、フェンネルシード小さじ1/4を加えると、より深い魅惑的な香りに！

LEVEL UP

## 作り方

すべての材料を鍋に入れて1時間ほど弱火で煮込む。
ラム肉がほぐれるくらいまで柔らかくなったら、
火を止める。

時短 POINT

圧力鍋で作る場合は、水を250mlに減らし、15分加圧し自然冷却で完成。

MEMO　骨つき肉だとよりおいしくなります。羊肉のほか、鶏肉でもGood。

# お弁当にスープジャー

いつでもどこでも食べたいから。
あったかスープはお弁当にもおすすめ。

高い保温性能がある
ものなら、余熱で調理
ができるのもポイント。
朝作ったスープは、ラ
ンチタイムまでに、野
菜の旨みがじんわりと
溶け出して、さらにお
いしくなってるはず。

スパイスの香りは減退
しません。朝作ったス
ープがジャーの中で時
間がたっても、食欲を
そそるエスニックな芳
香はそのまま！スープ
単品でも、主食とセッ
トでも。

広口だと、具材が取り出し
やすいのが魅力。発色のい
いターメリックなど、スパイ
スによってはパッキン部分
が着色するので、濃い色の
パッキンを選ぶか、思いき
ってスパイス料理専用ジャ
ーにしてもよいかも。

**おすすめサイズは1人分用**
（300〜380ml）

# ちょい足しでインスタントスープが絶品に！

おなじみのわかめスープに、
ひとつまみのクミンパウダー
をぱらり。エスニックな香り
が漂い、食欲増進につなが
ります。さらに上級者は、テ
ンパリング（p.15）したクミン
シードを回しかけるのもあり。
カリカリの香ばしさがたまら
ない一品に変身！

**みそ汁**
⊗
**ターメリック**

**わかめスープ**
⊗
**クミンパウダー**

**ミネストローネ**
⊗
**ナツメグ**

お湯を注ぐだけのインスタン
トみそ汁には、ターメリック
小さじ1/8を混ぜ合わせて。
ターメリックは抗酸化作用が
あるといわれ、毎日少量で
もとりたいスパイス。発酵食品
と相性がよく、ここに酒粕
（10gほど）を入れると、独特
の風味がプラスされます。

トマト系スープにおすすめな
のはナツメグ。洋風スープに
合うスパイスで、まろやかな
ほろ苦さとほんのりした甘み
があります。食べている途中
に加えて、味変を楽しんでも。
ナツメグの他、パプリカパウ
ダーでも合います。

# SPICE SOUP PART ④

朝にもおすすめ！

## 至福のひととき スイートスープ

おやつにはもちろん、朝食にもよいのが野菜や果物を
使った甘いスープ。朝起きたとき、脳は栄養不足の状態。
食欲がないときでも良質の糖をとるのがおすすめです。
あっためてもよいスープは夜に飲んでもOKです。

（ シナモンバナナ ）

カリウム豊富なバナナ、
シナモンのW効果で
むくみを解消

いちじくの食物繊維が
デトックス効果を発揮

（ フィグバナナ ）

（ レーズンカシューナッツ ）

レーズン&ナッツが
腸の調子を整える

( SOUP:39 )

毎日飲みたい大定番

# シナモンバナナ 冷・常温

材料（1人分）

バナナ ………………… 1本（90g）
牛乳 ……………………… 150ml
ターメリック …………… 小さじ⅛
シナモンパウダー ……… 小さじ⅛

作り方

すべての材料を
ハンドブレンダーで混ぜる。

**POINT**

私が大好きなアレンジは、粕汁（p.56）で余った酒粕を入れたもの。シナモンバナナ、フィグバナナに酒粕（大さじ1）を加えると、腸活になりおすすめ！　酒粕入りは、軽く温めて温製スープにしてもおいしい。

( SOUP:40 )

ぷちぷち食感がたまらない

# フィグバナナ 冷・常温

材料（1人分）

ドライいちじく ………… 2個（30g）
バナナ ………………… ½本（45g）
牛乳 ……………………… 150ml
シナモンパウダー ……… 小さじ⅛

牛乳の代わりに豆乳でも！ 甘みを控えたければ無調製豆乳、自然な甘さが欲しければ調製豆乳を選んで。

作り方

すべての材料を
ハンドブレンダーで混ぜる。

※ドライいちじくが堅い場合は、p.111のPOINT参照。

( SOUP:41 )

朝食代わりにもぐもぐ

# レーズンカシューナッツ 冷・常温・温

材料（1人分）

A ┌ レーズン ………… 大さじ2（20g）
　│ カシューナッツ（有塩）……… 10粒
　│ カルダモン …………………… 2粒
　└ バター …………………………… 5g

B ┌ ココナッツミルク ………… 100ml
　│ 牛乳 …………………………… 100ml
　└ 黒糖（砂糖でも代用可）…小さじ1

※バターやナッツが有塩ではない場合は、塩をひとつまみ入れるとよい。

作り方

**1** フライパンに**A**を入れて、
弱火で炒める。

**2** カシューナッツが
薄茶色く色づき始めたら、
**B**を加えてふたをしてレーズンが
膨らむまで、15分ほど弱火で煮込む。

( 小松菜りんご )

食物繊維を含む
小松菜が
毒素排出に

キャベツで
脂肪吸収を抑える

( ハニーキャベツ )

( 黒糖さつまいも )

便秘の解消には
整腸作用のある
さつまいもを

( SOUP:42 )

さっぱりヘルシーな1杯

# 小松菜りんご 冷・常温

材料（1人分）

小松菜（ざく切り）…… ½束（100g）
りんご（小さく切る）… ½個（150g）
ナツメグ（あれば）……… 小さじ⅛
シナモンパウダー………… 小さじ⅛

作り方

すべての材料を
ハンドブレンダーで混ぜる。

※りんごの皮はむいてもむかなくても
お好みでOK。

( SOUP:43 )

食前にもおすすめ！ 食べるスープ

# ハニーキャベツ 冷・常温

材料（1人分）

キャベツ…………… ⅙個（200g）
はちみつ………………… 大さじ1
シナモンパウダー………… 小さじ⅛

作り方

すべての材料を
ハンドブレンダーで混ぜる。

※ハンドブレンダーがうまく回らない場合は、
少量の水をたしてOK！

( SOUP:44 )

ダイエット中のおやつに

# 黒糖さつまいも 冷・常温・温

材料（1人分）

A
さつまいも（2cmの角切り）
……………………… ½本（75g）
カルダモン ………………… 2粒
バター …………………………… 5g

B
ココナッツミルク……… 100ml
牛乳 ………………………… 100ml
黒糖 ………………… 大さじ½
シナモンパウダー……… 小さじ⅛
塩 ………………… ひとつまみ

作り方

❶フライパンにAを入れて、
弱火で炒める。

❷さつまいもの端が
薄茶色く色づき始めたら、
Bを加えてふたをしてさつまいもが
柔らかくなるまで弱火で10分ほど
煮る。

MEMO 小松菜りんごやハニーキャベツは、食前に飲むと食物繊維の満腹感で
食べすぎ防止に◎。

マンゴーと
ヨーグルトの組み合わせが
腸内細菌を整える

( マンゴーラッシー )

栄養価抜群のデーツは
スーパーフード
として大注目

( シナモンデーツ )

スパイスが効いた
"飲む"キャロットケーキ

( キャロットくるみ )

( soup:45 )

カルダモンの香りが効いて

# マンゴーラッシー　冷・常温

材料（1 人分）

A
| ドライマンゴー…… 4切れ（30g）
| 水 ………………………… 100ml
| ヨーグルト………………… 100g
カルダモン ………………………… 1粒

作り方

❶ Aをハンドブレンダーで混ぜる。

❷ カルダモンのさやをむき、
　黒い粒を包丁で刻んでトッピングする。

### POINT

ドライフルーツが堅い場合はハンドブレンダーが回らないことがあります。その場合は水大さじ2（分量外）を入れて電子レンジ（600W）で1分加熱した後、5分以上放置して柔らかくするとよい。もしくは、材料の牛乳または水につけて冷蔵庫で1晩おいてもOK。

( soup:46 )

クレオパトラも虜にした!?

# シナモンデーツ　冷・常温

材料（1 人分）

ドライデーツ · 5個（種を除いて30g）
牛乳 ………………………… 200ml
シナモンパウダー……… 小さじ⅛

作り方

すべての材料を
ハンドブレンダーで混ぜる。

( soup:47 )

ダイエット時のおやつにも

# キャロットくるみ　冷・常温・温

材料（1 人分）

にんじん（8mm厚さの輪切り）
　………………………… ½本（75g）
レーズン………………… 大さじ1（10g）
くるみ………………………… 3粒（9g）
水………………………………… 100ml
シナモンパウダー……… 小さじ⅛
ナツメグ………………… 小さじ⅛
塩…………………………… ひとつまみ

作り方

❶ 耐熱容器にすべての材料を入れ、
　ラップをふんわりかけて
　電子レンジ（600W）で5分加熱する。

❷ ハンドブレンダーでペースト状にする。

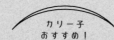

カリー子
おすすめ！

# こうやって食べるとおいしいんです

スープにちょん！スープにどぼん！
主食があれば、楽しみの幅がぐんと広がります。

バゲットをひたひたに浸す

BAGUETTE

バゲットをスープに入れて、ひたひたに浸す…悪魔的においしい食べ方です。ナツメグ香るコーンポタージュ（p.44）やなすの冷製トマトスープクリームチーズ添え（p.46）は、抜群にマッチします。もちろん普通にディップしても◎。

薄く切ったバゲットとチーズをのせてとろり

薄く切ったバゲット、スライスチーズをのせて、オーブントースターで焼けば、でき上がり。とろーりチーズが溶けて、幸せなひと皿に。カリフラワーとベーコンのスープ（p.62）、しそのジェノベーゼスープ（p.68）などがおすすめ。

CHEESE

RISOTTO

麺類をスープに入れたりつけたり

NOODLES

中華麺やうどんを入れたら、たちまち汁麺に！ヘルシー派はこんにゃく麺や春雨などもあり。羊肉の塩スープ（p.102）、さばのみぞれ汁（p.74）など、中華風や和風のスープだと間違いありません。

白米を入れてレンチンしたらリゾットに

スープにご飯を入れた状態で沸騰するまでレンチン→そのまま3分間放置する→スープを吸ったご飯がしっとりとしたリゾットに！ブロッコリーの洋風スープ（p.32）やトマト系スープなど、イタリアン風味のスープに。

# SPICE
# SOUP
# PART ⑤

スープのお供に！

# スパイス主食

SPICE
SOUP

スパイスの香り漂う、彩りきれいなご飯もの、食感が楽し
いバゲット。そして、スープ用に試作を重ねて
こだわり抜いた、理想のもちもちニョッキ。
スープと主食の2品だけでも、豊かな
食卓になります。あなたのスープ生活が、
より一層楽しくなりますように。

**№01**

どのスープにも合うスパイスピラフ

# キャロットクミンライス

にんじんの甘みに、クミンのエスニックな香りがたまらない。
炊飯器で炊くだけなので、簡単に作れます。

## 材料（4人分）

米 ………………………………………… 2合
にんじん（すりおろす）……… ½本（75g）
にんにく（スライス）…………… 1かけ
バター ………………………………… 10g
ベイリーフ（ローリエ）…………… 1枚
クミンシード ………………… 小さじ¼
塩 …………………………………… 小さじ1

## 作り方

① 米を洗い、30分以上浸水させておく。

② 炊飯器に米とその他の材料を入れてから
2合の線まで水を加え、通常どおりに炊く。

この本の
どのスープと一緒に
食べてもおいしいですが
特に相性がいいスープ。

╲ カリー子おすすめ！合うスープ ╱

☑ セロリのポタージュ（p.54）

☑ カリフラワーとベーコンのスープ（p.62）

☑ クミン香るキャロットポタージュ（p.64）

ベーコンの塩気が効いたターメリックライスに、
濃厚クリーミーなアボカドライス。きれい色ご飯は、
食べる前からテンションが上がります。

食卓にカラフルな彩りを添えて

# ベーコンターメリックライス

## 材料（4人分）

米‥‥‥‥‥‥‥‥‥‥‥‥ 2 合
ベーコン（拍子木切り）‥‥ 40g
にんにく（スライス）‥‥ 3 かけ
塩‥‥‥‥‥‥‥‥‥‥‥ 小さじ½
こしょう‥‥‥‥‥‥‥‥ 小さじ¼
ターメリック‥‥‥‥‥‥ 小さじ¼
ベイリーフ（ローリエ）‥‥ 1 枚

> ご飯単品で食べる場合
> は塩小さじ1にしてしっか
> り味をつけるとおいしい。

## 作り方

① 米を洗い、30分以上浸水させておく。

② 炊飯器に米とその他の材料を入れてから
2合の線まで水を加え、通常どおりに炊く。

> 仕上げに、からいりをして刻んだクミン、
> パセリをお好みでふってもおいしい。

＼ カリー子おすすめ！合うスープ ／

☑ ブロッコリーの洋風スープ (p.32)
☑ マッシュルームのポタージュ (p.60)
☑ ほうれん草のポタージュ (p.70)
☑ クラムチャウダー (p.100)

混ぜるだけで絶品！

# アボカドライス

## 材料（1人分）

A ｜ アボカド‥‥‥‥‥‥‥‥ ½個
　 ｜ 粉チーズ‥‥‥‥‥‥ 大さじ 1
　 ｜ 塩‥‥‥‥‥‥‥‥‥ 小さじ¼
炊いたご飯‥‥‥‥ 1膳 (120g)
パプリカパウダー・こしょう
‥‥‥‥‥‥‥‥‥ 各ひとつまみ

## 作り方

① **A**をスプーンの背でよくつぶし、
炊いたご飯と混ぜる。

② パプリカパウダー・こしょうをふる。

＼ カリー子おすすめ！合うスープ ／

☑ トマトとくるみのポタージュ(p.38)
☑ えびのビスク風スープ(p.98)
☑ クラムチャウダー(p.100)

MEMO　アボカドはスプーンで簡単につぶれるくらい柔らかくなった完熟のものを使うとよい。

残って堅くなったバゲットをおいしくリメイク

# クミンのバゲットとクルトン

スープ×バゲットの組み合わせは、私の大好物。
クミンのクルトンは、サラダのトッピングにも使えて便利です。

## 材料（2人分）

バゲット ······················ 5枚(50g)

A
　オリーブオイル ··············· 大さじ1
　おろしにんにく ··············· 小さじ¼
　クミンパウダー ··············· 小さじ¼
　塩 ·························· 小さじ¼

## 作り方

［ トーストにする場合 ］

**A**を混ぜて、1cm厚さに
スライスしたバゲットに塗り、
トースターで焼く。

［ クルトンにする場合 ］

❶ バゲットを8mm角に切り、
　**A**と耐熱ボウルで混ぜる。

❷ ①が重ならないように広げた
　状態で、電子レンジ(600W)で
　1分加熱する。

❸ ②を軽く混ぜたら、
　広げた状態でさらに電子レンジ
　(600W)で1分加熱して冷ます。

カリー子おすすめ！合うスープ

☑ 皮つきかぼちゃのスープ(p.22)
☑ 枝豆のエスニックポタージュ(p.24)
☑ ナツメグ香るコーンポタージュ(p.44)

☑ 鶏肉のレモンスープ(p.82)
☑ レンズ豆とソーセージのスープ(p.94)
☑ 牛肉のパプリカスープ(p.96)

POINT

カリカリに仕上がらなかったら、焦
げないように加熱時間に注意しな
がら③をくり返します。堅くなった
パンや食パンでも作れます。瓶に
入れて冷蔵保存(約1カ月)も可能。

カリー子おすすめ！合うスープ

## No.05

もちもち感がたまらない

# じゃがいものニョッキ

変わり種が好きな方に、超絶おすすめなのが手作りニョッキ。
作ってみたら意外と簡単！　そしてスープに好きなだけ
投入して具材としてもぐもぐ食べて。

材料と作り方は次へ！

プレーン　　　　　　　　　ターメリック入り

**№05 じゃがいものニョッキ**

**材料（2人分/40個分）**

じゃがいも························ 200g

強力粉···························· 100g

塩·································· 2g

**好きな量を
作りたいときは…**

強力粉の量＝じゃがいもの
半量、塩の量＝じゃがいもの
1/10の量、と覚えておくと
便利。じゃがいもの量に応
じて、自在に調整できます。

**作り方**

**❶** じゃがいもは厚さ5mm以下の輪切りにし、耐熱ボウルに入れて、
ラップをかけて電子レンジ（600W）で5分加熱する。

**❷** ハンドブレンダーで①を
ペースト状（**a**）にし、強力粉と
塩を加えてゴムべらで混ぜ（**b**）、
ひとまとめ（**c**）にする。

**❸** 4つに分けて、
直径1cmの棒状にのばし、
包丁で10等分に切り（**d**）丸める。

＼打ち粉はたっぷりつけて／

**MEMO**

※ハンドブレンダーがない場合は、マッシャーやすり鉢などを使ってもOK。
いもの粒が残っていると生地が堅くなり、成形のときに亀裂が入る原因になるので念入りにつぶしましょう。
※粉を混ぜるとき（作り方②）、よくこねる必要はありません。
多少表面に粉が見えている程度でひとまとめにすればOK。

PART 5 スパイス主食

**ターメリックニョッキにアレンジも！**

材料の強力粉に、ターメリック（小さじ¼）
を加えて、他はニョッキのレシピと
同じ工程で作ります。イエローの
鮮やかな発色がスープの彩りになります。

**4** 打ち粉を十分にしてフォークの上にのせ（**e**）、
親指で押しながら（**f**）スライドさせるようにして
丸めながらフォークから外す（**g**）。

**5** 沸騰した湯（水1ℓに対し塩小さじ1ほどを加える）
で3分ほど静かにゆでる。
ニョッキがしっかり湯に浮かんできたらOK。
ゆですぎると崩れるので注意して。

**6** ざるに上げ、さっと冷水をかける。

> 最後に冷水をかけると、ニョッキの表面がつるりとまとまります。湯から上げたまま置いておくとボソボソとした仕上がりに。

**保存方法**

④の状態で冷凍保存ができます。使うときは、冷凍のまま少し長めにゆでればOK。

# | スパイススープ Q & A |

「たくさん作りたい！」「スパイスに好き嫌いがあるんです！」
スパイススープにまつわる疑問にカリー子が答えます。

## Q.1 倍量作りたいとき 材料は単純に倍でよい？

A. 基本的には、**水以外の材料は倍量でOK**。素材から水分が出るので、**水はやや少なめ**（1.5倍くらいから）たしていき、調整するといいでしょう。

## Q.2 スープがしょっぱくなってしまった！ そんなときは？

A. **水**（や牛乳などの液体）を**たせばOK!**

## Q.3 なんか味が物足りない… そんなときは？

A. 塩のみ、をお好みでたしてください。
スパイスで味は変わらないので注意を。

## Q.4 あるスパイスの香りが 苦手なんですが…。

A. スパイスがなくても基本的においしいレシピなので、**苦手なスパイスは少なめか、省いて作ってOK**。ただし、多種類のスパイスが入ったレシピは、2種類以上のスパイスを抜くと味わいが変わってしまう場合も。

## Q.5 辛みを加えて スパイシーにしたい場合は?

**A.** 辛いのがお好みなら、チリペッパーを加えましょう。パプリカパウダーを使うレシピの場合は、パプリカの一部をチリペッパーに替えてもOKです（その場合のチリペッパーは小さじ1/4〜1/2程度に）。

## Q.6 ヨーグルトや豆乳は種類がありますが おすすめはありますか?

**A.** ヨーグルトは酸味控えめが好きな方は「小岩井生乳100%」、酸味が好きなら「恵 megumi」や「ビヒダス」。豆乳はp.59が一番好きです。

## Q.7 ハンドブレンダーがない場合は どうしたらいい?

**A.** 舌触りが良くなめらかになればいいので、**ミキサーやすり鉢などでもOK**です。金ざるを利用して裏ごししてもいいですよ。

私はブラウンのハンドブレンダーを使っています

## Q.8 スパイスの保存方法は?

**A.** **密閉して日の当たらない場所、湿気のないところで常温保存**が基本。冷蔵庫だと出し入れする際、結露で湿気ることがあるのでNG。スパイスは開封すると香りが減退するので、少しずつ買いたす方法がおすすめ。

## おわりに

自分の身体が何を欲しているのか。
自分の身体のどこがそれを欲求しているのか。

忙しい現代社会でこれに真に向き合っている人は少ないと思います。

しかし、ストレスがたまったり何となく元気が出なかったりと不調が生じるのは、
実は、身体の欲求を満たせていないことが原因です。

自分の身体の真の欲求に気づいてあげることは難しいことで、
一人で時間をかけて静かに自問自答する練習が必要です。

「何が食べたい?」「どうして欲している?」「どこが必要としている?」など
具体的に自分の身体に問いかけます。毎食練習すれば
1週間ほどで素早く答えが見いだせるようになり、
本当に癒やされるという実感を得ることができると思いますが、
初めのうちは答えを見いだすのにも10分以上かかってしまうことすらあります。

また、「ダイエット中は甘いものを避けるべきだ」
「油を控えなければならない」
などの外部からの情報によって
自分の真の欲求に気づけない状態になっていることもあります。

私が普段から行っている食事瞑想(p.78)は、
自分の心や身体に正直に向き合うための方法で、身体の内部から発せられる
欲求や声に気づき、認めて、満たしてあげる行為です。
そしてこれこそが何よりのヒーリング(癒やし)だと思っています。

スパイススープは食事瞑想をするのに適した食べ物だと思っていて、
心身を整えるスパイスとたくさんの身体に良い野菜、
そしてスープという本質的に癒やしを促す食べ物の組み合わせです。

本書を通じて、真に癒やされる体験を得られますことを願っています。

印度カリー子

## STAFF

AUTHOR 印度カリー子

PHOTO　　　　　　　　武蔵俊介（世界文化ホールディングス）
STYLING　　　　　　　　宇藤えみ
COOKING ASSISTANT　　彼女のカレー
ART DIRECTION & DESIGN　ないとうはなこ
ILLUSTRATION　　　　　gieh
SPECIAL THANKS　　　　UTUWA
COMPOSITION & TEXT　　高橋仁美
EDIT　　　　　　　　　宮本珠希

めぐる、ととのう、きれいになる

# 印度カリー子のスパイススープ

| | |
|---|---|
| 発行日 | 2021年12月15日　初版第1刷発行 |
| 著者 | 印度カリー子 |
| 発行者 | 波多和久 |
| 発行 | 株式会社Begin |
| 発行・発売 | 株式会社世界文化社 |
| | 〒102-8190 |
| | 東京都千代田区九段北4-2-29 |
| | Tel:03-3262-4136（編集部） |
| | Tel:03-3262-5115（販売部） |
| DTP | 株式会社イオック |
| 印刷・製本 | 大日本印刷株式会社 |

©IndoCurryKo, 2021. Printed in Japan
ISBN978-4-418-21321-4